MÉTHODES FACILES D'AUTO-HYPNOSE

DU MÊME AUTEUR

« Endormir par l'Hypnose, Éclairer par la Sophrologie, Dynamiser par le Karaté Sophrologique » (Éd. Le Courrier du Livre)

« Introduction à l'Hypnose et à la Sophrologie » (en collaboration avec les docteurs Stokvis et Montserrat-Estève, Éditions Maloine)

« Le Karaté Sophrologique » (Éditions Maloine)

« Surmultipliez votre puissance sexuelle » (Jacques Grancher, Éditeur)

« Initiez-vous au Yi King » (Éd. Le Courrier du Livre)

« L'Hypnose pratique en 11 leçons » (Jacques Grancher, Éditeur)

« L'Hypnose qui guérit » (Jacques Grancher, Éditeur)

Photo couverture : STOCK MARKET-ZEFA

Docteur Jean-Paul GUYONNAUD

MÉTHODES FACILES D'AUTO-HYPNOSE

Texte établi avec la collaboration de
GIOVANNI SCIUTO

Jacques Grancher, éditeur.
98, rue de Vaugirard 75006

SOMMAIRE

Dans la salle d'attente, cinq hommes convoqués à la même heure voient le temps passer sans qu'on vienne les chercher. Un seul d'entre eux persiste à ne donner, par son comportement, aucun signe d'énervement. Et, lorsqu'enfin c'est son tour d'être reçu, le chef du personnel termine l'entretien de routine en posant la question :

— Quel est votre secret? Grâce à une caméra dissimulée, je pouvais vous observer, vous et les autres candidats. En fait, il s'agissait d'un premier test. Je ne le cache pas, votre calme m'a très favorablement impressionné. Alors, dites-moi, quand on met votre patience à rude épreuve, comment faites-vous pour vous maîtriser?

— C'est simple, répond le postulant, je me sers de l'auto-hypnose.

— Eh bien, ça vous réussit. En principe, vous pouvez vous considérer comme engagé par notre société...

***

Cet exemple donne déjà une idée de l'importance des multiples services que peut rendre l'auto-hypnose.

Mais si l'auto-hypnose sert désormais à nous prêter main-forte dans les circonstances les plus diverses, ceci est dû à ses antécédents.

Sur les pas de ses « père et mère », le magnétisme et l'hypnose, qui lui ont préparé le terrain, l'auto-hypnose a fait en effet ses armes dans le domaine médical. Pour commencer, il paraît donc utile de remonter aux sources, d'évoquer tout ce qui a précédé sa naissance, puis l'a conduite à la place qu'elle occupe aujourd'hui...

DU MAGNÉTISME ET DE L'HYPNOSE A L'AUTO-HYPNOSE

LA « LONGUE MARCHE »

Si nous prenons en considération les procédés utilisés encore de nos jours au sein des ethnies primitives, surtout en Afrique, en Océanie et en Amérique du Sud, cela nous conduit à supposer l'exploitation du magnétisme humain et de l'hypnose déjà dans les temps préhistoriques. Pour soigner maladies et blessures, pour alléger les souffrances qui accompagnent l'accouchement, pour rendre intrépides les guerriers et les chasseurs ou encore pour inculquer la conviction de la disparition d'un « maléfice », les sorciers (chamans, mages...) ne font-ils pas appel à l'attouchement et au pouvoir du verbe, à l'incantation?...

Quoi qu'il en soit, le témoignage le plus ancien sur l'usage exclusivement curatif d'une telle ressource nous vient d'un document conservé au British Museum, le fameux papyrus découvert par l'égyptologue Ebers. Ce manuscrit révèle que, sous le règne des pharaons, pour guérir ou pour chasser la douleur, comptait parmi les méthodes employées celle qui préconisait l'imposition des mains et la suggestion verbale.

Association durable

Les textes bibliques, tout comme ceux des historiens grecs et romains, font souvent allusion à des guérisons — miraculeuses ou non — effectuées grâce à l'attouchement et à l'énoncé simultané de formules destinées à donner au malade la certitude qu'il va guérir.

Des cas analogues sont fréquemment signalés également par les chroniqueurs du Moyen Age.

Or, nous pouvons voir dans l'imposition des mains la forme archaïque de la thérapie développée sous le nom de magnétisme, tandis que la suggestion verbale constitue la motrice principale de l'hypnose...

Voilà comment, sans qu'on parle encore ni de magnétisme ni d'hypnose, ces deux branches de la médecine (appelée tantôt parallèle, tantôt douce) demeurent indissociables jusqu'au début du XIXe siècle.

Mesmer et sa redécouverte

Fils d'un garde-forestier de Souabe, Franz-Anton Mesmer (1734-1815) grandit au bord du lac de Constance. Les phénomènes de la Nature l'intriguent, le marquent à jamais. Ses années universitaires n'effacent pas les souvenirs d'une enfance et d'une adolescence passées au contact des « forces secrètes qui animent l'univers ». Bien au contraire...

Installé dans la capitale autrichienne et en possession des diplômes voulus, Mesmer pourrait gagner sa vie en enseignant la philosophie ou en embrassant une carrière juridique. Il n'en fait rien. A un âge où d'autres s'en détournent, il se remet à l'étude. Cette fois, son choix porte sur une matière qui correspond à ses aspirations de jeunesse. Voilà comment, en 1766, à trente-deux ans, il obtient son troisième doctorat, celui de... médecine !

Un riche mariage permet à Mesmer de se consacrer aux recherches. C'est ainsi qu'il redécouvre une thérapeutique pratiquée par Paracelse, celle axée sur les vertus médicinales de l'aimant. Et il arrive à une conclusion : l'homme aussi possède une énergie magnétique, dont il est possible de se servir pour combattre la maladie. Ses premiers « cobayes » se recrutent parmi des aristocrates viennois en vue et des savants réputés de l'époque. Et il se trouve que ses expériences se soldent par des guérisons spectaculaires.

Pôle d'attraction

En février 1778, à quarante-quatre ans, Mesmer part à la conquête de Paris. Il sait ce qu'il fait : les milieux scientifiques de la capitale française se montrent assez ouverts, les Parisiens paraissent friands de nouveautés médicales et Louis XVI ne pourra que manifester une certaine sympathie à l'égard d'un novateur arrivé tout droit de la ville natale de son épouse...

Ce calcul se révèle en partie justifié. Même si la majorité des savants officiels hausse les épaules à l'écoute des exposés de Mesmer ou à la vue de ses travaux pratiques, les messieurs et dames de la Cour s'empressent d'expérimenter ses « soins miraculeux » dont on parle tant, tandis que le roi finit par lui allouer vingt mille livres de rente et un montant de dix mille livres destinées à la formation de praticiens.

Rapidement, Mesmer devient le pôle d'attraction de la vie mondaine parisienne. La grande bourgeoisie suit l'exemple de l'aristocratie : être soigné par le magnétisme que transmet Mesmer, à travers son regard, sa voix et ses gestes, est de bon ton, d'autant que, selon la rumeur publique, la reine Marie-Antoinette elle-même consulte ce médecin pas comme les autres...

En peu d'années, Mesmer peut s'enorgueillir non seulement de la satisfaction totale des malades qui lui ont accordé leur confiance, mais également de la guérison de nombreux sceptiques venus pour le mettre à l'épreuve. Dans le nombre, figurent quelques scientifiques éminents. Il décide donc d'exiger une reconnaissance officielle de ses mérites, ainsi que l'attribution de fonds plus importants que par le passé. Mais Louis XVI hésite à ouvrir sa bourse plus qu'il ne l'a fait jusqu'à présent. Fâché, Mesmer part pour les Flandres, en laissant penser qu'il ne reviendra en France que le jour où sa méthode y sera inconditionnellement soutenue.

Enquête officielle

Pendant l'absence du Maître, l'un de ses anciens élèves, le docteur Deslon, cherche à s'imposer et ses démarches aboutissent : en 1784, deux commissions sont désignées pour informer le roi des vertus du magnétisme. Seulement, ce ne sont pas les travaux de Mesmer lui-même mais ceux du docteur Deslon et d'un autre prétendu magnétiseur qui doivent être jugés.

Le célèbre Benjamin Franklin, Lavoisier et d'autres savants illustres composent les deux commissions royales qui comptent, en tout, quatorze membres. Physiciens, chimistes ou médecins, ils jouissent tous de la plus haute renommée.

Les expériences se déroulent, puis les sommités scientifiques et médicales établissent leurs rapports. On y lit, entre autres : « ... Tous sont soumis à celui qui magnétise; ils ont beau être dans un assoupissement apparent, sa voix, un regard, un signe les en retirent*. »

Une telle constatation s'accompagne de la remarque suivante : « ... L'imagination sans magnétisme produit des convulsions et le magnétisme sans l'imagination ne produit rien**. »

Mais les rapports font aussi apparaître une condamnation qui va freiner l'essor du magnétisme pendant près de deux siècles : « ... Rien ne prouve l'existence du fluide magnétique... Les attouchements, l'action répétée de l'imagination, pour produire les crises, peuvent être nuisibles... Le spectacle de ces crises est dangereux, porte à l'imitation et, par conséquent, tout traitement public où les moyens du magnétisme seront employés ne peut avoir à la longue que des effets funestes... »

Seul, le botaniste Jussieu ne s'associe pas à la « tentative d'assassinat » du magnétisme. Plutôt que de signer l'acte d'accusation qui exprime l'avis unanime des autres enquêteurs, il rédige son propre rapport, en attirant l'attention d'une part sur

* Caractéristiques de l'hypnose.

** D'où résulte la part de l'autosuggestion, « sœur aînée » de l'auto-hypnose.

l'efficacité des traitements magnétiques, sur le fait qu'ils garantissent des guérisons, d'autre part sur la nécessité de poursuivre des recherches, dans le cadre de la médecine qu'il appelle « d'attouchement ».

Répercussion néfaste

Et Mesmer? Peu importe que les commissions royales aient mis en cause ses concurrents et non sa propre pratique, il perd sa popularité. Le magnétisme était associé à son nom. La foudre, qui a brûlé « les herbes folles » de sa discipline, a mis un terme, par la même occasion, à sa carrière sur le sol français. Sans poursuivre ses consultations régulières, il ne fait désormais que quelques courts séjours à Paris, pour déployer ses activités surtout en Angleterre et en Prusse...

Paradoxe final

La France est ébranlée par la Révolution, puis secouée par une série de guerres. Malgré les préoccupations de tout ordre qui affligent le pays, la leçon de Mesmer reste gravée dans la mémoire de certains. Des esprits éclairés, dont le marquis de Puységur, par exemple, continuent les expériences magnétiques...

Puis, la paix revient. Quelques anciens élèves de Mesmer et des personnes de haut rang qui n'ont pas oublié qu'il les a guéries, intercèdent en sa faveur. Napoléon Bonaparte lui accorde une pension. Mesmer n'en profite pas pour se réinstaller à Paris. Plutôt que de s'exposer à l'éventualité de nouvelles déceptions, il se retire dans son pays natal, au bord du lac de Constance. C'est là qu'il reçoit, en 1812, trois années avant sa mort, la plus flatteuse des propositions : le roi de Prusse l'invite à occuper une chaire à la Faculté de Médecine de Berlin.

Bien que tardive, une telle reconnaissance concrète de l'intérêt de sa méthode réjouit Mesmer. Mais il est déjà fatigué. Moralement. A Vienne, puis à Paris, il n'a connu que des triomphes éphémères. Va-t-il tenter, à soixante-dix-huit ans, une nouvelle ascension ? Non. Il préfère que l'enseignement officiel de sa science soit assuré par l'un de ses disciples. Quant à lui, et c'est là le paradoxe final de sa vie, il termine ses jours en guérissant non plus des aristocrates et des savants illustres ou encore de riches bourgeois, mais des miséreux, qu'il soigne bénévolement.

La graine germe

Mesmer n'a pas semé dans le vent. Ses théories présentent des lacunes, c'est vrai. Mais, et déjà au XIXe siècle, même ceux qui ont de bonnes raisons de combattre une méthode médicale diamétralement opposée à la leur sont obligés, dans leur for intérieur, de s'incliner devant les résultats obtenus par un traitement magnétique. A plus forte raison, la leçon mesmérienne est-elle retenue par des hommes qui se soucient, avant tout, de la guérison de leurs semblables. C'est ainsi que, parallèlement à l'ouverture d'un hôpital mesmérien berlinois, où plusieurs centaines de malades sont traités chaque mois, le magnétisme progresse en France, en Angleterre et même aux Indes, ouvrant la voie à des travaux qui ne tarderont pas à faire naître la méthode curative nommée hypnose...

Un « divorce » ?

Vers la fin du XVIIIe siècle, les travaux du marquis de Puységur permettent l'identification d'un phénomène curieux, qu'on appellera *somnambulisme provoqué,* et qui sera ultérieurement catalogué parmi les phénomènes que peut produire l'hypnose : après avoir été magnétisé par le marquis, l'un de ses domestiques, un certain Victor, tombe dans un sommeil particulier, qui le rend capable de s'exprimer subitement d'une manière savante et d'aller jusqu'à expliquer sa maladie (ou celle d'autrui), en formulant un diagnostic précis...

Quelques décennies plus tard, aux alentours de 1810, se fait remarquer à Paris un magnétiseur portugais né aux Indes orientales, l'abbé de Faria. Alors que ses prédécesseurs s'en tenaient respectueusement aux techniques employées par Mesmer, il simplifie le procédé. C'est uniquement pour le « conditionner » qu'il applique les mains, pendant quelques instants, sur la tête et sur les épaules du patient. Dès que la personne est suffisamment détendue, il lui ordonne, d'une voix impérieuse, de s'endormir. Cela suffit assez souvent pour que se produise ce *sommeil lucide* auquel l'abbé de Faria, un authentique précurseur, va consacrer un traité * considéré, au xxe siècle, comme la toute première codification des principales caractéristiques de l'hypnose.

Décidé à confirmer le bien-fondé de l'enseignement de Mesmer, un autre des adeptes du magnétisme, le suisse Charles-Léonard Lafontaine (1803-1892) entreprend des « tournées » européennes. Et, moment historique, sa démonstration publique effectuée à Manchester retient l'attention du chirurgien James Braid, qui va s'inspirer de la méthode mesmérienne pour élaborer une technique médicale révolutionnaire, baptisée par lui... HYPNOTISME !

Les travaux de Braid voient le jour en 1843. A partir de cet instant, les voies du magnétisme et de l'hypnose se séparent. Sans qu'on puisse parler d'un véritable « divorce ». Parce que, dans la pratique, les magnétiseurs continuent à s'appuyer sur une approche en réalité hypnotique, tandis que les hypnotiseurs demeurent à jamais fidèles au magnétisme, tout spécialement par l'intermédiaire des « passes magnétiques » ** incorporés au nombre de leurs procédés couramment employés.

La distinction opérée, au milieu du xixe siècle, entre magnétisme et hypnose, aboutit cependant à un bouleversement profond : progressivement, l'exploitation du fluide magnétique à buts curatifs devient quasiment l'exclusivité des guérisseurs, alors que l'hypnose a le privilège de pouvoir s'épanouir grâce à l'intérêt que manifestent à son égard les milieux médicaux...

* « *De la cause du sommeil lucide ou étude de la nature de l'homme.* »

** Voir « *L'Hypnose pratique en 11 leçons* » et « *L'hypnose qui guérit* », édités par Jacques Grancher.

Premiers lauriers

En 1859, le professeur Azam, de Bordeaux, par un rapport adressé à la Société de Chirurgie de Paris, propose que l'hypnose remplace le chloroforme et c'est ainsi que la nouvelle technique commence sa carrière en tant que moyen d'anesthésie.

Toujours au XIXe siècle, les recherches sur l'hypnose effectuées par le Dr Durand de Gros aboutissent à la naissance de la médecine psychosomatique, les réactions des patients hypnotisés ayant pu mettre en relief l'existence d'un lien étroit entre le psyché et l'organisme de l'être humain.

A la même époque, la collaboration de deux médecins nancéens, le généraliste Liébault et le professeur Bernheim, a pour résultat les toutes premières guérisons obtenues grâce à l'usage thérapeutique de l'hypnose moderne.

Tandis que les travaux de l'Ecole de Nancy sensibilisent l'opinion médicale à une échelle internationale, Paris ou, plus précisément, l'Hôpital de la Salpêtrière, devient le théâtre (c'est bien le cas de le dire) des expériences spectaculaires poursuivies par le professeur Charcot. Parmi les personnes venues assister aux démonstrations publiques des effets que produit l'hypnose sur les malades se trouve, d'ailleurs, un jeune médecin viennois du nom de Siegmund Freud...

Et puisqu'allusion vient d'être faite au futur « number one » de la psychanalyse, il faut signaler que celui de ses compatriotes qu'on considère avec le français Pierre Janet comme un précurseur dans le domaine de « l'exploration de l'âme », le Dr Breuer, un éminent neuro-psychiatre autrichien, expérimente l'hypnose, lui aussi, toujours au cours de la deuxième moitié du XIXe siècle, et démontre que si une maladie provient d'un traumatisme psychique, le malade peut, sous hypnose, évoquer le choc responsable de son mal, offrant ainsi au médecin traitant la possibilité de diriger les soins en connaissance de la cause profonde des symptômes. Autrement dit, il s'avère, grâce aux travaux du Dr Breuer, que l'hypnose peut rendre d'immenses services en médecine non seulement en tant que moyen d'anesthésie ou en tant que méthode curative, mais également par sa vertu qui permet la formulation d'un diagnostic correct... s'il s'agit d'une maladie psychosomatique.

De l'agitation au calme

Le magnétisme pratiqué par Mesmer provoquait des réactions immédiates assez désagréables. Après avoir tout simplement transpiré, craché et toussé, bien des patients finissaient par donner l'impression d'être « possédés » : les yeux exorbités, grinçant des dents, bavant, criant, tantôt riant et tantôt pleurant, ils étaient en proie à des convulsions violentes. A un tel point que Mesmer jugea bon de faire capitonner les murs et le sol de l'une des pièces de son cabinet parisien. Afin qu'ils ne risquent pas de se blesser, on y conduisait les patients les plus atteints par la « crise magnétique ».

Au début, la guérison était donc obtenue au prix de la traversée de moments « d'extrême agitation ». Les patients ne le déploraient pas (pour eux, c'était moins pénible que de subir les saignements, lavements et autres « tortures » médicales typiques de l'époque), mais un tel aspect des effets du magnétisme devait fournir aux commissions royales désignées en 1784 l'un des arguments majeurs pour déconseiller formellement la méthode.

Les modifications apportées ultérieurement à la technique mesmérienne allaient complètement éliminer les inconvénients de ce genre. Tout au plus, avant de sombrer dans un sommeil salutaire, les malades éprouvaient une agréable sensation de chaleur là où ils étaient soumis à une magnétisation et, parfois, cette chaleur gagnait l'ensemble de leur corps.

Puis, dès la fin du XIXe siècle, les techniques magnétiques employées excluaient même la manifestation d'une somnolence, tandis que les techniques hypnotiques, elles, se « spécialisaient » dans l'apport du sommeil, de la détente, du calme...

L'aboutissement

Le début du xxe siècle voit la popularité croissante de l'hypnose médicale.

En France, le Dr Pierre Janet, ancien élève de Charcot, ouvre la voie à l'emploi de plus en plus étendu de l'hypnose dans le traitement de maladies diverses. Malgré la réserve des milieux officiels de la médecine, de nombreux praticiens deviennent ainsi les adeptes de la thérapie hypnotique, puis, à partir des années soixante-dix, gagne aussi du terrain très rapidement une méthode issue de l'hypnose, la sophrologie...

Et pour cause (Braid n'était-il pas anglais?), l'hypnose s'impose en Grande-Bretagne dans un temps record et devient même matière d'enseignement dans les facultés de médecine, à partir de 1955.

Les applications médicales de l'hypnose se font extrêmement fréquentes également aux Etats-Unis, où elle est officiellement reconnue en 1958. Enseignée dans les facultés de médecine, sa pratique porte sur toutes les maladies psychosomatiques, mais on l'utilise également en chirurgie pour permettre, selon les cas la suppression ou la diminution sensible des quantités de produits d'anesthésiques administrés.

En Union Soviétique, dès les années vingt, loin de les freiner, les milieux officiels de la médecine encouragent les recherches sur l'hypnose, qui ne tarde pas à motiver une telle confiance, tout spécialement dans le domaine du traitement de l'asthme, de l'hypertension artérielle, de l'ulcère duodénal, des maladies cortico-viscérales, etc. En plus, les médecins soviétiques sont les premiers à introduire en maternité l'usage de techniques dérivées de l'hypnose (accouchement indolore).

Egalement en Allemagne, en Europe centrale, dans les pays scandinaves et un peu partout ailleurs, l'hypnose « perce » dès le début de notre siècle, pour demeurer l'une des alliées du médecin moderne...

L'ASCENSION DE L'AUTO-HYPNOSE

Parmi les modifications et les perfectionnements progressivement apportés aux techniques hypnotiques au cours des quelque cent dernières années, certains ont l'originalité d'impliquer la contribution du patient au succès du traitement, par la pratique de « s'hypnotiser lui-même », tantôt déjà au moment de l'induction de l'hypnose, tantôt aussi ou uniquement après, pendant toute la durée des soins. Voici les principaux exemples :

— lors de l'hypnotisation, au lieu de dire au patient qu'il va obligatoirement éprouver telle ou telle sensation, on lui demande d'imaginer ou d'acquérir la conviction qu'une sensation de chaleur, de détente, etc. le gagne;

— l'hypnotisation dûment effectuée, l'hypnotiseur invite le patient (par le biais de ce qu'on appelle la « suggestion posthypnotique ») à employer ultérieurement, en état de veille, tel ou tel *mot clé (mot codé),* qui lui fera retrouver la sensation de bien-être savourée durant la séance hypnotique ou encore pour réaffirmer sa résolution (inculquée grâce à l'hypnose) de combattre la maladie, la douleur ou une accoutumance nocive;

— pour activer la guérison, sous contrôle médical, le patient se soigne à domicile, par une technique hypnotique et s'appuyant sur des instructions précises enregistrées sur bande magnétique spécialement à son intention;

— si le patient ne peut être hypnotisé qu'avec une certaine

difficulté, il effectue à domicile des exercices hypnotiques appropriés pouvant diminuer sa résistance à la méthode, lors de la prochaine hypnotisation.

S'il est vrai que la première de ces approches s'apparente à l'autosuggestion, les autres prennent déjà la forme de l'auto-hypnose proprement dite...

Traits communs

L'auto-hypnose se développe à l'image de l'hypnose, notamment en épousant sa caractéristique fondamentale, celle de créer un état particulier, un peu à mi-chemin entre éveil et sommeil.

Mais les deux méthodes n'ont pas en commun uniquement l'effet de produire dans le mental un détachement des réalités environnantes comparable au détachement que procure le sommeil normal.

Tout comme l'hypnose, l'auto-hypnose possède l'avantage d'une part de donner naissance à une détente extrêmement salutaire, d'autre part de mobiliser des « énergies insoupçonnées », grâce auxquelles s'intensifient les ressources psychiques dont dispose l'individu pour réaliser ceci ou cela.

Une telle analogie explique pourquoi, tout comme l'hypnose, l'auto-hypnose sert à :

— traiter toutes les maladies psychomatiques, ainsi que les divers symptômes de l'impuissance et de la frigidité d'origine psychosomatique ;

— combattre la douleur, aussi bien en tant que moyen d'anesthésie en milieu chirurgical, qu'autrement ;

— constituer un bouclier contre le stress ;

— seconder l'individu dans ses études, concours, activités professionnelles et compétitions sportives ;

— favoriser l'entente au sein du couple, ainsi que dans le contexte familial ;

— faciliter les rapports humains en général.

Ça se comprend, les indications étant les mêmes, il n'y a pas de différence, non plus, sur le plan des contre-indications : exactement comme l'hypnose, l'auto-hypnose est formellement déconseillée aux psychotiques et aux arriérés mentaux. (En plus, on ne préconise jamais l'auto-hypnose dans la maladie de Stokes-Adam.)

La différence

Indépendamment du « détail » que l'hypnose s'effectue grâce à l'intervention d'un spécialiste en la matière, alors que l'auto-hypnose se pratique sans besoin d'une formation (trop) poussée, la différence entre les deux méthodes consiste, sur un plan purement et simplement pratique, essentiellement en ceci : l'auto-hypnose engendre uniquement une sorte de « mini-hypnose ».

Voilà pourquoi, à l'abri du risque de sombrer dans un sommeil susceptible d'entraver la poursuite des activités en cours, nous pouvons faire appel à l'auto-hypnose non seulement à la maison mais aussi sur le lieu de travail et partout ailleurs.

Seulement, cette différence a également pour résultat le fait que l'auto-hypnose, à elle seule, aboutit au succès uniquement si la maladie, la douleur ou le problème quelconque affrontés ne sont pas très graves, tandis que l'hypnose (assistée ou non par l'auto-hypnose) parvient à triompher même si le cas est grave.

Le grand saut

C'est depuis des millénaires que certaines techniques orientales (dont le yoga) apportent à l'individu des bienfaits du même ordre que ceux propres aux techniques de l'auto-hypnose.

Mais si l'auto-hypnose fait partie de la famille des méthodes de relaxation et assimilées depuis relativement peu de temps, il ne faut pas en déduire qu'elle y occupe une place de peu d'importance. Bien au contraire, la constatation de son efficacité dans le domaine médical l'a placée au premier rang des moyens employés en médecine douce et se trouve à l'origine du « grand saut », qui lui permet aujourd'hui de nous être de première utilité non seulement dans le cadre d'un traitement mais aussi dans la vie de tous les jours, pour ainsi dire en n'importe quelle circonstance...

TECHNIQUES D'AUTO-HYPNOSE ET ASSIMILÉES

...des plus simples aux moins simples

A condition de bien vouloir se laisser hypnotiser, tout le monde est hypnotisable. Il en découle qu'en l'absence de contre-indications (voir page 24), nous pouvons tous pratiquer l'auto-hypnose.

Mais peu importe : quel que soit le procédé employé et indépendamment, aussi, de la compétence de l'hypnotiseur, le même individu peut être facilement hypnotisé à un moment et ne pas l'être à un autre.

En hypnose, nous sommes donc tributaires d'un « déclic », qui ne peut se produire chaque fois d'une manière instantanée.

C'est d'ailleurs un phénomène que nous pouvons constater également en tous les autres domaines attachés à notre psychisme, celui de la sexualité par exemple. A part la curieuse variation de l'intensité du désir (à partenaire, conditions physiques, etc. égaux), n'arrive-t-il pas qu'un homme ou une femme totalement insensibles à l'attrait sexuel d'une personne rencontrée régulièrement (dans le contexte amical ou professionnel) deviennent subitement épris d'elle, irrésistiblement ?...

Le fameux déclic a son mot à dire aussi quand nous nous adonnons à la pratique de l'auto-hypnose. N'entrent en ligne de compte ni la technique employée ni l'expérience acquise, tantôt l'effet est immédiat, tantôt il tarde à se manifester ou même il ne se manifeste pas.

Alors, ne vous découragez pas si jamais vos premiers essais

avec l'auto-hypnose restent infructueux. Et si, au contraire, vous avez du succès dès le début de l'exploration de son royaume, gardez-vous bien d'arriver à la conclusion : « Il en sera toujours ainsi »... Tout comme vous ne pouvez jamais savoir quelle sera votre humeur, dynamisme, etc. d'une minute à l'autre, il vous est malheureusement impossible d'avoir une certitude quant à la rapidité avec laquelle l'auto-hypnose viendra vous épauler.

Après cette précision, abordons la description de quelques techniques ayant fait leurs preuves. Les unes sont simplement proches de l'auto-hypnose (une familiarisation avec elles peut servir à « préparer le terrain »), les autres relèvent directement d'elle...

TECHNIQUE N° 1 (DU NOMBRIL)

Indications principales : prévention du stress, régénération psychique et physique, sauvegarde ou découverte du calme de l'esprit.

Nous sommes en présence d'un procédé axé sur une ancienne méthode de relaxation pratiquée par les moines du mont Athos (Grèce).

Le déroulement

1) S'allonger sur le dos, dans un endroit tranquille.
2) Fermer les yeux.
3) Ventre en avant à l'inspiration, ventre en arrière à l'expiration, respirer lentement, amplement et profondément.
4) Tout en poursuivant la respiration abdominale, « fixer le regard » (mentalement, cela s'entend) sur son propre nombril.
5) Faire abstraction totale des pensées pouvant surgir sur l'écran du cerveau et continuer à respirer comme nous venons de l'indiquer (ventre en avant à l'inspiration, ventre en arrière à l'expiration), sans interrompre la « contemplation » de son propre nombril...

A savoir

Parfois, la détente s'empare de vous au bout d'à peine deux ou trois minutes d'exercice. Si ce n'est pas le cas, il n'y a aucun inconvénient à recommencer autant de fois que nécessaire, se disant : « Mon nombril engendre la détente. » Les personnes rompues à la technique se contenteront d'évoquer la notion de la détente, tout en se concentrant sur l'image mentale de leur nombril.

TECHNIQUE N° 2 (DU TROISIÈME ŒIL)

Indications principales : les mêmes qu'avec la Technique n° 1

Il s'agit d'un procédé qui dérive de l'une des particularités des méthodes de concentration classiques de l'Orient.

Le déroulement

1) Couché sur le dos, debout ou assis, peu importe, mais les yeux fermés, commencez à respirer le ventre en avant à l'inspiration et le ventre en arrière à l'expiration.
2) « Voyez » (en imagination, évidemment) ce que les Thibétains appellent le troisième œil, c'est-à-dire la minuscule partie de votre boîte crânienne qui se situe au-dessus du point de naissance du nez, à mi-chemin entre celui-ci et la limite centrale supérieure du front, formant le sommet d'un triangle imaginaire dont les yeux constitueraient les deux autres extrémités.
3) Résistez à la tentation de suivre les pensées qui apparaissent, persévérez à « regarder » votre troisième œil, sans jamais interrompre votre respiration abdominale régulière (si cela est nécessaire, affirmez mentalement : « Je me détends ! »).

A savoir

La poursuite de l'exercice est préconisée jusqu'à l'atteinte d'une sensation de détente, mais si celle-ci ne se produit pas au bout de cinq à dix minutes, il vaut mieux faire appel à une autre technique.

TECHNIQUE N° 3 (DU TIC-TAC)

Indications principales : apaisement de l'esprit ne serait-ce que momentané, interruption d'un va-et-vient de pensées susceptibles de provoquer un énervement préjudiciable aux études, aux activités professionnelles, etc.

Voici un procédé qui fait souvent partie des moyens employés conjointement par les hypnotiseurs, lors de la première phase de l'hypnotisation (concentration sur un son régulier).

Le déroulement

1) Debout, assis ou couché, porter toute son attention sur le tic-tac d'une montre (horloge, réveille-matin, métronome...).
2) Se laisser bien envahir par ce son uniforme et régulier se disant que « rien d'autre n'existe ».
3) Au moment où on se rend compte que l'on a réussi à ignorer tout ce qui est étranger au son écouté, se boucher les oreilles, brusquement, pour quelques secondes.

A savoir

Normalement, peu de minutes suffisent pour arriver au résultat souhaité.

TECHNIQUE N° 4 (DU VIDE TOTAL)

Indications principales : anxiété, insomnies légères, mais aussi les mêmes indications qu'avec les techniques n° 1, n° 2 et n° 3

Ici, le procédé implique l'élimination progressive d'une image mentale déterminée.

Le déroulement

1) Debout, assis ou couché (obligatoirement, s'il s'agit de lutter contre l'insomnie), fermer les yeux.
2) Visualiser, avec la plus grande netteté possible, une image familière, par exemple telle ou telle pièce de son appartement, se disant : « Pour moi, rien d'autre n'existe ! »
3) Imaginer en détail les divers éléments qui composent l'image en question (murs, sol, plafond, fenêtres, meubles, etc.).
4) Un par un, supprimer mentalement tous ces éléments, jusqu'à arriver à un « vide total ».
5) Demeurer au sein d'un tel vide, pendant quelques instants, pour pouvoir savourer la sensation de détente qui en résulte.

A savoir

En cas d'insomnie, si la réalisation du vide imaginaire n'aboutit pas automatiquement à l'arrivée du sommeil, il faut recommencer l'exercice à plusieurs reprises. Autrement, en règle générale, on parvient à tirer profit de la méthode au prix d'une pratique de quelques minutes de « déconnection » seulement.

TECHNIQUE N° 5 (DES NARINES)

Indication principale : accroissement de la faculté de concentration (en vue d'un travail intellectuel soutenu à effectuer)

Le procédé doit son efficacité à la mobilisation du système respiratoire et à la détente que son exécution procure. On le pratique généralement debout ou assis.

Le déroulement

1) Doigts légèrement écartés, posez la main droite au-dessus du nombril et gardez-la ainsi pendant tout l'exercice.
2) L'index gauche au milieu du front, obstruez de votre pouce gauche la narine gauche et expirez par la narine droite, tout en pratiquant la respiration abdominale (ventre en avant à l'inspiration, ventre en arrière à l'expiration).
3) Effectuez une inspiration lente et profonde (le ventre en avant !), en vous concentrant sur l'air qui pénètre en vous par la seule narine droite (la gauche restant obstruée par votre pouce gauche).
4) L'inspiration terminée, fermez votre narine droite, avec votre médius gauche.
5) Marquez un temps d'arrêt, les poumons pleins.
6) Ventre en arrière, effectuez une expiration lente par la

narine gauche, après avoir enlevé le pouce qui l'obstruait, l'autre narine restant fermée, cela s'entend.

7) Demeurez quelques instants les poumons vides.

8) Effectuez une inspiration par la narine gauche, toujours le ventre en avant.

9) L'inspiration terminée, fermez votre narine gauche, puis poursuivez (phases 2 à 8), une dizaine de fois.

En somme, qu'il s'agisse de la narine gauche ou de la narine droite, le schéma respiratoire est le même : expiration suivie d'inspiration.

A savoir

Tout en donnant l'impression, à première vue, d'être un peu complexe, cet exercice, qui implique le « sacrifice » de moins d'une minute, peut être parfaitement assimilé en très peu de temps, mais il demande qu'on le répète, au début, deux ou trois fois par jour, puis, au bout d'une semaine, qu'on le pratique régulièrement une fois par jour, se disant : « Je me détends... Je suis de plus en plus détendu... Je suis complètement détendu. » Ultérieurement, lorsque la technique donne déjà lieu à une exécution pour ainsi dire automatique, il suffit d'employer le mot « Détendu », mentalement ou à haute voix.

TECHNIQUE N° 6 (DU PLEXUS SOLAIRE)

Indication principale : la même qu'avec la Technique n° 5

Ici encore, la détente qui favorise la faculté de concentration résulte de l'association de l'imagination et de la respiration.

Le déroulement

1) Placez votre poing (gauche si vous êtes gaucher, droit si vous êtes droitier) sur votre abdomen, au-dessus du nombril.
2) Fermez les yeux.
3) Sentez comment, au rythme de la respiration, votre main se soulève et s'abaisse en même temps que votre abdomen.
4) Sentez votre plexus solaire, c'est-à-dire la région de votre corps contre lequel votre poing s'appuie en ce moment, et imaginez-le sous la forme d'un petit soleil rayonnant suspendu au creux de votre cage thoracique.
5) Mentalement, rejoignez ce soleil, faites que, grâce à l'imagination, votre cerveau « descende » jusqu'à lui, afin de s'y unir.
6) Identifiez-vous complètement avec votre plexus solaire (le soleil imaginaire logé en vous), constatez que toutes les énergies de votre organisme convergent vers ce « moi » qui

rayonne au centre de votre corps.

7) Rendez-vous-en compte : éparpillement, dispersion (et fatigue) s'estompent.

8) Demeurez mentalement là où vous êtes, totalement absorbé par ce soleil intérieur, ne pensez à rien d'autre qu'à ce point précis où votre univers mental s'est fixé...

9) Dès que vous avez réalisé l'unité absolue avec le plexus solaire et, par là, avec l'ensemble de votre corps, revenez vers votre main, qui continue à se soulever et à s'abaisser au rythme de votre respiration.

10) Ouvrez les yeux.

A savoir

Il est conseillé de refaire l'exercice à quatre reprises, tous les deux jours, jusqu'à en acquérir la maîtrise. Puis, pour « ne pas perdre la main », le pratiquer au moins une fois par semaine, même en dehors des périodes où son usage doit servir à l'accroissement ou à la consolidation de la faculté de concentration.

TECHNIQUE N° 7 (DE LA FLAMME)

Indication principale : la même qu'avec les techniques n° 5 et n° 6

Voici un exercice parmi les plus simples, mais qui exige d'être exécuté dans une pièce sombre et à l'abri des bruits.

Le déroulement

1) Allumez une bougie et éteignez les autres lumières.
2) Installez-vous confortablement dans un fauteuil, en face de la bougie.
3) Dites à vous-même : « La flamme de la bougie m'apportera la paix intérieure ! »
4) Ne pensez plus à rien, mais laissez-vous aller à la détente, tout en contemplant la flamme de la bougie.
5) Dès que vous vous sentez complètement envahi par une sensation de calme, fermez les yeux et détendez bien vos paupières. A ce moment, automatiquement, vous avez l'impression, pendant quelques instants, de voir encore la flamme. Surtout, ne chassez pas cette image. Bien au contraire, continuez à l'observer mentalement, jusqu'à sa disparition... que vous n'aurez ni précipitée ni retardée.

6) La flamme ayant disparu de l'écran de votre cerveau, faites-la maintenant revenir, mais les paupières toujours closes (autrement dit, en imagination).
7) Demeurez ainsi, en compagnie de votre flamme imaginaire, pendant une trentaine de secondes.

A savoir

La première semaine, vous avez intérêt à vous adonner à cet exercice quotidiennement. Après, vous pourrez le répéter tous les trois ou quatre jours.

TECHNIQUE N° 8 (DES « K » ET « S »)

Indication principale : la même qu'avec les techniques n° 5, n° 6 et n° 7.

La méthode de relaxation du Karaté Sophrologique (élaborée par le Dr Guyonnaud) donne une place importante à ce procédé, qui dérive de la Technique n° 1.

Le déroulement

1) Couché ou assis, fermez les yeux.
2) Commencez à pratiquer la respiration abdominale (ventre en avant à l'inspiration, ventre en arrière à l'expiration).
3) Dites-vous : « Je vais savourer un détachement total ! »
4) Portez votre attention sur votre nombril, imaginez-le et n'arrêtez plus de le fixer mentalement, pendant toute la durée de l'exercice.
5) Sentez bien votre nombril se soulever à l'inspiration et s'abaisser à l'expiration, tout en disant, mentalement, « K » à l'inspiration et « S » à l'expiration.
6) Sans vous soucier du temps qui passe, persévérez à visualiser votre nombril et à effectuer la respiration abdominale, toujours en répétant, mentalement, « K » à l'inspiration et « S » à l'expiration, jusqu'à éprouver l'impression

d'un détachement total.

A savoir

En règle générale, l'impression d'un détachement total se produit au bout de trois ou quatre minutes... à condition d'avoir réussi à bien se concentrer sur le mouvement régulier de son nombril !

Pour s'initier à cette technique (très indiquée également lorsqu'on a « les nerfs à fleur de peau »), il faut compter entre cinq et dix exercices, à raison d'un par jour. Ultérieurement, il est recommandé de le pratiquer au moins deux fois par semaine, afin qu'il soit efficace « du premier coup », dès qu'on en a besoin pour de bon...

TECHNIQUE N° 9 (DES POISSONS NOIRS)

Indications principales : les mêmes qu'avec la Technique n° 9.

Le procédé est idéal pour vaincre une fatigue momentanée, un subit « coup de pompe », ou encore pour accroître la vitalité dont on dispose, mais il faut que la personne qui le pratique considère la baignade et l'eau en elle-même comme synonymes de bien-être et de tonification. (Autrement dit, il y a contre-indication si l'on a « horreur de l'eau ».)

Le déroulement

1) Assis, couché ou debout, fermez les yeux.
2) Dites-vous : « Je vais vaincre ma fatigue » ou « Je vais surmultiplier ma vitalité », suivant le cas.
3) Visualisez une rivière (lac, piscine...) à l'eau limpide, susceptible de donner envie de vous y plonger.
4) Grâce à la magie de l'imagination, entrez dans l'eau et « ressentez » comme votre fatigue vous quitte, sous la forme d'une multitude de minuscules poissons noirs, qui s'éloignent de vous, de plus en plus.
Ou bien, si le but est d'accroître votre vitalité, imaginez que le contact de l'eau mobilise vos énergies, de plus en plus...
5) Lorsque les « poissons-fatigues » ont disparu, respirez

profondément et faites la planche sur l'eau, complètement détendu.
Dans l'éventualité de l'usage de la technique pour devenir plus dynamique, imaginez que vos énergies vous catapultent d'elles-mêmes sur la surface de l'eau, puis savourez la détente que donne la sensation d'être étendu à fleur de flots.
6) Etirez-vous autant que possible (pour vous libérer des dernières tensions ou pour accentuer votre plein d'énergies), non seulement mentalement, mais aussi pour de bon, notamment en allongeant le cou, les bras et les jambes.
7) Imaginez que vous coulez à pic vers le fond de la rivière (lac, piscine...) et savourez les caresses agréables de l'eau, qui est censée vous entourer de tous côtés.
8) Remontez à la surface, mettant ainsi un terme au concours de l'imagination.
9) Expirez, puis inspirez profondément.
10) Profitez de la détente obtenue, pour observer attentivement le rythme de votre respiration : sentez l'air qui vous pénètre et sentez l'air que vous rejetez...
11) Ouvrez les yeux.

A savoir

Cet exercice peut être pratiqué aussi à titre préventif (pour éviter la fatigue, pour se sentir toujours en bonne forme), au moins une fois par jour, de préférence le matin.

TECHNIQUE N° 10 (DES MILLE SOLEILS)

Indications principales : les mêmes qu'avec la Technique n° 9

Cette fois, il est préférable, au départ, de se trouver déjà dans un état de détente. Pour cela, le cas échéant, on peut faire appel à l'un ou l'autre des procédés appropriés conseillés (techniques n° 1, n° 2, n° 3, etc.).

Le déroulement

1) Prenez une position assise, en vous tenant bien droit.
2) Fermez les yeux et dites-vous : « Je vais vaincre ma fatigue » ou « Je vais surmultiplier ma vitalité ».
3) Ventre en avant, inspirez profondément et lentement, tout en imaginant que l'air inspiré est parsemé de mille petits soleils (symboles d'énergie).
4) Retenez votre souffle et concentrez-vous sur vos pieds, en ne pensant à rien d'autre qu'à eux, imaginant qu'ils sont entourés, recouverts et pénétrés d'une foule de petits soleils.
5) Expirez, en imaginant que, par là, vous débarrassez votre corps de mille déchets, que vous éliminez un air terne, gris.
6) Marquez un temps d'arrêt dans votre respiration.
7) Inspirez profondément et lentement, ventre en avant, et

ceci toujours en imaginant que l'air inspiré est peuplé d'une multitude de soleils minuscules.

8) Retenez votre souffle et concentrez-vous sur vos jambes, ne pensez à rien d'autre qu'à elles, les imaginant entourées, recouvertes et pénétrées de milliers de petits soleils.

9) Expirez, comme indiqué plus haut (phase 5).

10) Demeurez quelques instants sans respirer.

11) Ventre en avant, inspirez profondément et lentement, tout en continuant à imaginer que l'air inspiré contient d'innombrables petits soleils.

12) Retenez votre souffle et concentrez-vous sur vos cuisses, visualisant les petits soleils à leur niveau.

13) Expirez lentement, très lentement, toujours en imaginant que votre expiration purifie votre corps.

14) Pendant quelques secondes, ne respirez pas.

15) Ouvrez les yeux et reprenez votre respiration normale.

Sitôt familiarisé avec ce procédé (certains y parviennent d'emblée ou presque, tandis que d'autres, pour en arriver là, doivent la pratiquer, en moyenne, de cinq à dix fois), vous pouvez passer à la deuxième étape, en vous concentrant, au moment de la rétention du souffle (phases 4, 8 et 12), tour à tour sur :

— la partie supérieure de l'abdomen ;
— le creux de l'estomac (plexus solaire) ;
— la poitrine.

Après avoir bien assimilé cette deuxième étape, abordez la troisième, en vous concentrant, au moment de la rétention du souffle (phases 4, 8 et 12), tour à tour, sur :

— les mains ;
— les avant-bras ;
— les bras dans leur ensemble ;
— les épaules.

Ayant réussi à maîtriser la troisième étape, passez à la quatrième, en vous concentrant, au moment de la rétention du souffle (phases 4, 8 et 12), tour à tour, sur :

— les mâchoires ;
— les yeux ;

— la gorge.

Enfin, une bonne fois cette quatrième étape bien rodée, passez à la cinquième et dernière, notamment en vous concentrant, lors de la rétention du souffle (phases 4, 8 et 12), tour à tour, sur :

— la colonne vertébrale ;
— la partie postérieure du crâne ;
— la partie antérieure du crâne.

A savoir

Possédant à fond la technique de chacune des cinq étapes, vous pouvez pratiquer l'ensemble de l'exercice en une seule séance, et ceci soit quotidiennement (c'est la solution idéale, si vous souhaitez être en pleine forme tous les jours), soit uniquement lorsque vous éprouvez le besoin de régénérer votre système nerveux, de remplir votre corps d'énergie, autrement dit chaque fois qu'il y a nécessité de doter votre organisme d'une grande vitalité.

TECHNIQUE N° 11 (DU SOUFFLE)

Indication principale : renforcement du système nerveux, en vue de la prévention du stress.

D'origine orientale, cette technique associe la force de l'imagination et la mobilisation du système respiratoire, dans le but, tout spécialement, de nous mettre à l'abri des effets néfastes du bruit et d'autres facteurs par lesquels frappe le stress...

Le déroulement

1) Couchez-vous sur le dos, confortablement, de préférence dans une pièce sombre ou à la lumière tamisée et aussi peu bruyante que possible.
2) Fermez les yeux et dites-vous : Je vais être calme... de plus en plus calme... complètement calme. »
3) A trois reprises, inspirez ventre en avant et expirez ventre en arrière, très doucement, en retenant votre respiration pendant quelques instants entre chaque inspiration et expiration, tout comme entre chaque expiration et inspiration.
4) A la troisième expiration, dirigez l'air expulsé vers vos orteils et détendez ceux-ci.
5) Poursuivez votre respiration abdominale (ventre en

avant à l'inspiration, ventre en arrière à l'expiration), en continuant à retenir votre respiration pendant quelques instants entre chaque inspiration et expiration, ainsi qu'entre chaque expiration et inspiration, mais dirigez l'air expiré, tour à tour, vers :

a) les chevilles
b) la jambe gauche
c) la jambe droite
d) la cuisse gauche
e) la cuisse droite
f) la fesse gauche*
g) la fesse droite*
h) les organes génitaux
i) l'abdomen
j) la poitrine
k) le cou
l) le visage
m) le crâne
n) la nuque
o) le haut du dos*
p) le centre du dos*
q) le bas du dos*
r) l'épaule gauche
s) l'épaule droite
t) le bras gauche
u) le bras droit
v) l'avant-bras gauche
x) l'avant-bras droit
y) la main gauche
z) la main droite

* Par la pensée.

... tout en veillant, chaque fois, à bien détendre la partie de votre corps vers laquelle, tantôt réellement, tantôt uniquement en imagination, vous dirigez votre souffle.

A savoir

Pour être vraiment efficace, après avoir bien été assimilée, cette technique doit être pratiquée une fois quotidiennement (ou tous les deux jours), de préférence le matin.

TECHNIQUE N° 12 (DU NOIR)

Indications principales : élimination de la fatigue, tonification générale, prévention du stress

Elaborée par J.-J. Dexter, cette technique procure un bref sommeil hypnotique extrêmement reposant. Il est préconisé de l'employer avec un support musical (enregistrement d'une musique douce particulièrement relaxante diffusée à faible puissance), ce qui sert d'ailleurs à limiter la durée du sommeil obtenu, selon les impératifs dictés par le temps dont on dispose...

Le déroulement

1) S'isoler le plus possible à l'abri des bruits, tout en prenant les précautions nécessaires pour ne pas être dérangé pendant la séance, qui doit avoir pour cadre une pièce obscure, éclairée uniquement par une bougie.
2) S'installer confortablement dans un fauteuil, en face de la bougie allumée. Avoir les pieds bien à plat sur le sol, légèrement écartés et les talons tournés vers l'intérieur. Les bras doivent être appuyés sur les bras du fauteuil, tout comme les mains, à moins qu'on préfère les laisser suspendues... Il faut veiller à avoir le dos bien calé et à appuyer la tête contre le fauteuil de manière à ce qu'elle reste dans sa

position habituelle, penchée ni à l'arrière ni à l'avant.

3) Relâcher les muscles de tout son corps et chasser de l'esprit toute idée autre que la suivante : « Je vais me reposer et je me sentirai bien, très bien. »

4) Se répéter, jusqu'à en acquérir la conviction absolue : « Je vais me reposer et je me sentirai bien, très bien. »

5) Fixer le regard sur la flamme de la bougie et penser uniquement à elle.

6) Se laisser complètement absorber par le point lumineux contemplé, tout en se disant : « Plus je regarde la flamme, plus mon corps devient lourd, de plus en plus lourd... »

7) Après avoir éprouvé la sensation de lourdeur dans tout son corps, fermer les yeux, ne pas chasser l'image de la flamme (qui demeure sur l'écran du cerveau pendant quelques instants), mais la laisser s'estomper, puis disparaître d'elle-même, tout en se disant : « Au fur et à mesure que le noir engloutit la flamme, mon corps devient encore plus lourd, toujours plus lourd... »

8) Dès la disparition de l'image mentale de la flamme, tout en gardant les yeux fermés, se dire : « Pour moi, il n'y a plus que ce noir, ce gouffre noir qui absorbe toutes mes pensées, un noir qui rend ma tête lourde, de plus en plus lourde... Je me sens fatigué, très fatigué... Même si je le voulais, je ne pourrais plus bouger... J'ai sommeil, très sommeil... Je ne lutte pas, je me laisse aller... Autour de moi et en moi, tout est noir, tout est lourdeur... Le sommeil me gagne... Je ne résiste pas... Le sommeil s'incruste en moi... Irrésistiblement, le sommeil arrive... Je dors... La musique me berce, je dors... Je dors, de plus en plus profondément... Rien n'existe que ce sommeil... un sommeil agréable... un sommeil doux... un sommeil doux comme la musique que j'entends... Mon sommeil est très profond... Je suis bien, très bien... Ma tête et tout mon corps se reposent... Je dors... Seule la musique me relie au monde... Je dors... je dors... Bientôt, la musique va s'arrêter et je vais alors me réveiller... Pour l'instant, je dors, je dors encore... Dormir est bon... Dormir est reposant... Je dors... je dors...

9) Lorsque la musique s'arrête, se dire : « La musique s'est arrêtée, ma tête devient légère, de plus en plus légère, je peux ouvrir mes yeux... je suis réveillé ! »

A savoir

Normalement, au bout de cinq ou six essais, le sommeil souhaité peut être obtenu par cette technique. Ultérieurement, il n'est pas toujours indispensable de faire appel au concours de la musique, mais on peut varier la durée du sommeil à sa guise, notamment en se fixant un temps-limite au préalable (cinq minutes, un quart d'heure, etc.). De même, les conditions préliminaires (solitude, calme, bougie, fauteuil, etc.) ne s'imposent qu'au cours des premières expériences : grâce à un entraînement de quelques semaines, à raison d'une séance par jour, il devient habituellement possible de pratiquer la méthode n'importe où, entouré ou non par d'autres personnes, en plein jour, sans besoin de fixer un point lumineux, assis sur une chaise ou un banc peu confortables, etc.

Par ailleurs, il n'y a aucun inconvénient à remplacer le support musical par un métronome. L'instrument doit être réglé de sorte que le va-et-vient du balancier soit très lent : intervalle de deux ou trois secondes entre chaque mouvement. Il faut :

— effectuer une respiration profonde au cours du premier mouvement du balancier (entre le « tic » et le « tac »);

— expirer à fond pendant le deuxième mouvement... et continuer ainsi à calquer le rythme de sa respiration sur le rythme du balancier, tout en se disant, après avoir réussi à réaliser dans son esprit le « noir total » :

— Plus je respire, plus je dors...

TECHNIQUE N° 13 (DE LA LOURDEUR)

Indication : insomnies

Il s'agit d'une méthode mise au point par l'hypnotiseur J.-J. Dexter et destinée à procurer un sommeil hypnotique susceptible de se transformer en sommeil normal...

Le déroulement

1) S'allonger sur le dos, tout à son aise, de sorte que pieds, jambes, bras et mains se reposent dans une position idéale, entièrement soutenus par la surface du lit.
2) Fermer les yeux et concentrer la pensée sur la notion de la détente, se disant : « Je me détends... tout mon corps se détend... »
3) Tous les muscles ayant été bien relâchés, penser à son corps, prendre conscience d'abord des orteils, de la plante des pieds, des chevilles, des mollets, des genoux et des cuisses, puis continuer ainsi, progressivement, pour arriver jusqu'au crâne.
4) Se dire, mentalement : « J'ai pris conscience de tout mon corps... Mon corps est là, bien étendu dans le lit, et chaque parcelle de mon corps correspond à un poids, un poids qui pèse lourd... de plus en plus lourd... Le poids s'étale sur mon

crâne... Comme un nuage compact, solide, le poids s'appesantit sur mon cerveau, qui devient lourd, de plus en plus lourd... La lourdeur persiste dans ma tête, mais aussi voici qu'elle se dilate... Je sens la lourdeur au cou... aux épaules... à la poitrine... au ventre... au bas-ventre... aux cuisses... aux genoux... aux mollets... aux pieds... »

5) Imaginer son corps étendu sur le lit, inséparable de lui, comme s'il y était « cloué », totalement écrasé par le poids invisible qui le domine de la tête aux pieds.

6) Se dire : « Le noir entoure mon corps et ce noir commence à m'engloutir... Je me sens lourd, lourd... Une lourdeur inexplicable m'emprisonne... Impossible de bouger... Irrésistiblement, le noir engloutit mes pieds... mes mollets... mes genoux... mes cuisses... Ma tête est lourde... tellement lourde qu'il m'est désormais impossible d'observer le noir qui a déjà complètement englouti mes jambes et continue sa montée... Je sais que je vais m'endormir... Ma tête, tout mon corps sont lourds, trop lourds... Et le noir avance... Progressivement, le noir arrive à mon cou... Jusqu'au cou, mon corps est absorbé par le noir... Le noir va engloutir ma tête et je le laisse faire... Ce noir m'apporte le sommeil, je me laisse aller... Le noir a fait disparaître mon menton... il recouvre mes lèvres... mon nez... mes joues... mes oreilles... Le noir arrive à mon front... il ne s'arrête pas... il avance toujours... il arrive au sommet de mon crâne... C'est le noir total... Le noir m'a complètement absorbé... Le sommeil m'envahit... Je dors... je dors... je dors... »

A savoir

La force imaginative, l'intensité de la résolution de se laisser « complètement absorber » par la sensation de lourdeur et par le noir imaginaire, tiennent un rôle important. Puisqu'elles constituent des facteurs qui varient d'un individu à l'autre, il est impossible de définir la durée moyenne de l'exercice. On peut cependant préciser ce qui suit :

— si l'expérience est couronnée de succès, se produit, au premier stade, un sommeil hypnotique (de quelques minutes ou une heure au plus), dont prend la relève, au deuxième stade, un sommeil naturel calme et régulier, exempt de cauchemars ;

— la réussite dépend de la nature de l'insomnie : est-elle chronique ou pas (dans ce dernier cas, on rencontre moins de difficultés, cela se comprend) ;

— certains parviennent à s'endormir d'un sommeil naturel (deuxième stade) dès le premier essai, tandis que d'autres, pour en arriver là, ont besoin de répéter l'expérience à plusieurs reprises ;

— de même, certains peuvent atteindre en moins de cinq minutes le sommeil hypnotique (premier stade), mais la présence de certains « blocages » est susceptible de ralentir considérablement le processus d'induction auprès des sujets qui ne réagissent pas facilement à l'auto-hypnose ;

— en règle générale, au bout d'un certain temps (période variable entre une et quatre semaines) le sommeil normal, qui avait été détraqué par les insomnies, reprend ses fonctions habituelles et on parvient à s'endormir sans besoin de pratiquer l'auto-hypnose au préalable.

TECHNIQUE N° 14 (DE LA FIXATION)

Indication : insomnies

Toujours de J.-J. Dexter, voici une méthode qui s'appuie sur l'un des procédés majeurs utilisés dans l'induction de l'hypnose, la fixation prolongée d'un point précis, lumineux ou non...

Le déroulement

1) Se coucher sur le dos, dans les conditions de détente les plus favorables, de manière à pouvoir se sentir en parfait état de repos.
2) Chasser de son esprit toute pensée, à l'exception de : « je veux et je vais dormir ».
3) Choisir un point quelconque sur le plafond, juste au-dessus de la tête, et fixer le regard sur ce point (si la pièce n'est pas éclairée, la contemplation aura pour objet un point imaginaire).
4) Penser uniquement au point regardé (imaginé) et se dire : « Je ne pense qu'à ce point, toute mon attention se concentre sur ce point, qui est là, en face de moi, et va m'absorber complètement, irrésistiblement... Mes paupières s'alourdissent... deviennent de plus en plus lourdes... Mes yeux commencent à se fatiguer, mais je continue à fixer le

point... le point qui est devenu tout mon univers... La lourdeur de mes paupières devient extrême... La fatigue de mes yeux devient extrême... Mes paupières sont tellement lourdes, mes yeux tellement fatigués que je n'en peux plus... Je ferme les yeux... Maintenant, les yeux fermés, je me sens bien, je me sens détendu... Mais le point fixé demeure présent dans ma pensée, j'ai l'impression de le " voir " encore... Mes pensées voudraient vagabonder, mais je continue à penser au point, uniquement au point... Tout est noir autour du point, ce point qui est si minuscule que j'ai de la peine à l'apercevoir, mais je m'efforce de le voir et je ne vois que lui... Mon cerveau est fatigué... Une forte sensation de lourdeur s'empare de ma tête... Je n'en peux plus de fixer le point... Je me laisse aller, je laisse le noir envahir complètement l'écran de mon cerveau... Il n'y a désormais que le noir... Tout est noir... Je me sens las... Penser est impossible, le noir domine tout... Je n'arrive plus à me maîtriser, le noir est devenu un gouffre, un gouffre agréable et doux... Le noir a tout englouti autour de moi et en moi, il est le sommeil, un sommeil lourd et profond... Je suis bien... Je me laisse aller... Je me laisse emporter par le noir... Je descends, je descends vers le fond du gouffre... Le noir me berce... Je m'endors... Je dors, je dors... »

A savoir

Cette technique préconisée, surtout, pour les insomnies légères, permet l'obtention d'un sommeil hypnotique aboutissant au sommeil naturel, mais elle possède aussi toutes les autres caractéristiques de la Technique n° 13, quant à la durée de l'expérience, etc. (Voir rubrique « A savoir », page 58.)

TECHNIQUE N° 15 (DE LA FLAMME ET DE L'ESCALIER)

Indications : toutes celles énumérées à la page 24

Comme l'a montré aussi la Technique n° 7, la contemplation prolongée de la flamme d'une bougie finit par provoquer un effet hypnotique, il n'est donc pas étonnant que d'éminents spécialistes de l'hypnose médicale (dont Le Cron) aient élaboré des techniques combinées qui tirent profit de ce phénomène...

Le déroulement

1) De préférence à l'abri de tout bruit, s'isoler dans une pièce éclairée uniquement par la flamme d'une bougie.
2) S'installer confortablement dans un fauteuil, en face de la bougie, et porter toute son attention sur cette source lumineuse.
3) Se dire : « Je contemple la flamme, je ne pense qu'à cette flamme... Au fur et à mesure que le temps passe, mes paupières deviennent lourdes, de plus en plus lourdes... Bientôt, mes paupières seront tellement lourdes qu'elles se baisseront toutes seules, irrésistiblement... Mes paupières deviennent de plus en plus lourdes... Mes yeux vont se fermer et je serai en état d'auto-hypnose... »

4) Après la fermeture des yeux, se dire : « Je relâche les muscles de mes bras... de mes jambes... de tout mon corps... Je suis décontracté et deviens de plus en plus décontracté... »

5) Dès que la sensation de la décontraction s'empare de tout le corps, imaginer un escalier roulant (vers le haut ou vers le bas, selon les préférences, étant entendu que les personnes susceptibles d'éprouver une sensation d'angoisse sur un escalier roulant qui descend et cependant n'ont pas peur de l'utiliser dans l'autre sens, doivent imaginer un escalier roulant qui monte) et s'y placer, se disant : « Au fur et à mesure que cet escalier me monte (me descend), ma détente devient encore plus grande... de plus en plus grande... Plus l'escalier roulant monte (descend), plus je suis détendu... »

6) La sensation de détente ayant été obtenue, s'imaginer dans un contexte particulièrement agréable (forêt, bord de mer, etc.) et procéder à la suggestion auto-hypnotique qui portera d'abord sur une sensation de bien-être général, de confort total et de sérénité complète, puis sur la résolution de faire de son mieux pour :

— combattre la maladie ou la douleur ;
— éviter le stress ;
— renoncer au tabac, à l'alcool, etc.
— éliminer le trac ;
— vaincre son agressivité ;
— accroître sa productivité... etc., etc., etc., exprimant en somme la formule qui correspond au but même de la séance, comme par exemple :

— Je suivrai scrupuleusement les prescriptions de mon médecin !
— Je vais ignorer la douleur qui se manifeste dans telle ou telle partie de mon corps !
— Je sauvegarderai en toutes circonstances la détente que je savoure en ce moment !
— Je suis indifférent au tabac (à l'alcool, à la drogue, aux sucreries, etc.) !
— J'aurai toujours la plus grande confiance en mes capa-

cités !

— Rien ne pourra me mettre en colère !

— Rien ne m'empêchera de donner le meilleur de moi-même ! Etc., etc., etc.

A savoir

La contemplation de la flamme est souvent exploitée, au sein d'associations religieuses ou ésotériques, pour faciliter l'arrivée d'une sorte de « transe » propice à la méditation (le terme « état hypnotique » est soigneusement évité !). Dans le cadre de la technique qui vient d'être décrite, une telle fixation soutenue du point lumineux débouche sur l'aboutissement d'une authentique auto-hypnose, mais qu'il convient d'approfondir, pour pouvoir programmer en des conditions optimales la suggestion d'une résolution déterminée.

TECHNIQUE N° 16
(DES COULEURS CONTRASTÉES)

Indications : toutes celles énumérées à la page 24

Un phénomène optique provoqué par la contemplation soutenue de couleurs contrastées se trouve à la base de cette technique. Pour la pratiquer, on doit être muni d'un support spécifique* : un carton gris du format d'une carte postale, en plus grand, comportant deux rectangles — jaune celui de gauche, bleu celui de droite — séparés par un petit intervalle.

Le déroulement

1) S'installer dans un fauteuil le plus confortablement possible ou s'allonger tout à son aise sur un lit (divan, canapé...).
2) De la main droite (gauche si l'on est gaucher), tenir la carte aux couleurs contrastées à la hauteur du front, le bras tendu, de manière que le rectangle jaune se trouve en face de l'œil gauche.
3) Sans discontinuité, fixer du regard les deux rectangles,

* Intégré dans l'ouvrage « *Introduction à l'hypnose et à la sophrologie* » (Ed. Maloine).

plus particulièrement l'espace situé entre eux.

4) Lorsque le phénomène du contraste des couleurs apparaît (ceci se traduit par une modification visuelle, ainsi que par un changement d'état de la conscience : on a l'impression de voir du bleu à gauche et du jaune à droite ou bien, par endroits, l'intensité des couleurs paraît se modifier, l'image vacille, etc.), se dire : « Mon regard se trouble, c'est signe que j'entre en auto-hypnose, que ma conscience se modifie... Mes yeux se fatiguent... Mes paupières deviennent lourdes... de plus en plus lourdes... Bientôt, mes paupières vont se baisser, irrésistiblement... Impossible de garder mes yeux ouverts... Mes yeux se ferment... A présent, mon bras droit (gauche, pour les gauchers) devient lourd, très lourd, de plus en plus lourd... Tellement lourd qu'il m'est impossible de le garder tendu... Irrésistiblement, mon bras se baisse... Garder le carton entre les doigts demande un effort immense... Il m'est impossible de garder le carton, je le laisse tomber... Maintenant, c'est au tour de mon autre bras de devenir lourd, très lourd, de plus en plus lourd... Mes deux bras sont lourds, terriblement lourds, je ne peux plus les bouger... Cette lourdeur que j'éprouve aux bras augmente mon auto-hypnose... Et la lourdeur gagne mes épaules... mon cou... ma tête... Aussi, la lourdeur descend, elle gagne ma poitrine... mon ventre... mon bas-ventre... Au fur et à mesure que la lourdeur progresse, mon auto-hypnose devient de plus en plus profonde... Mes cuisses sont lourdes, de plus en plus lourdes... Mes mollets sont lourds, de plus en plus lourds... Mes pieds sont lourds, de plus en plus lourds... Tout mon corps est lourd, on ne peut plus lourd... Je me trouve en état profond d'auto-hypnose... je me trouve en état profond d'auto-hypnose... je me trouve en état profond d'auto-hypnose... »

5) Se répéter, trois ou quatre fois : « L'état d'auto-hypnose où je me trouve me permet d'influencer mon subconscient. »

6) Se dire : « Maintenant, je suis à même de tirer profit de mon auto-hypnose... Maintenant, je peux être constructif... » et diriger la suggestion vers l'objectif à atteindre, comme

indiqué dans la description de la sixième phase de la Technique n° 15, aux pages 63 et 64.

A savoir

Cette technique, mise au point par le Dr Guyonnaud, possède une version destinée à procurer l'hétéro-hypnose*. Qu'il s'agisse d'hétéro-hypnose ou d'auto-hypnose, l'exploitation du phénomène du contraste des couleurs contribue largement à l'accélération de l'induction.

* Voir « *L'Hypnose qui guérit* », Jacques Grancher Editeur.

TECHNIQUE N° 17 (COMBINÉE)

Indications : toutes celles énumérées à la page 24

Cette technique demande à être assimilée sous les directives du médecin hypnotiseur.

Le déroulement de l'enseignement

1) Le médecin hypnotiseur dit à peu près ceci :

— Si je vous affirme que vous réussirez à vous hypnotiser, autrement dit à vous auto-hypnotiser, c'est parce que la chose est réellement possible. Je m'engage d'ailleurs à vous faire bénéficier d'un entraînement qui vous donnera entière satisfaction. Mais, sachez-le, suivre mes consignes à la lettre est indispensable...

« Dites-vous bien, pour commencer, que la familiarisation avec la technique que je vais vous enseigner n'exige aucun effort particulier de votre part. Tout ce qu'il faut est de pouvoir maîtriser votre attention, ne serait-ce que pendant une fraction de seconde. Cela fait, j'interviendrai, pour vous aider à plonger dans un état particulier, extrêmement bénéfique pour vous.

« Sachez aussi que, dans le but de faciliter l'atteinte de votre état d'auto-hypnose, je ferai appel, si nécessaire, à des

moyens appropriés, des moyens dûment testés et absolument inoffensifs...
« Il ne me reste à préciser que ceci : au cours de la séance, à un moment donné, vous éprouverez un réel plaisir à déglutir. Un tel phénomène prouvera la réussite de l'expérience, vous pourrez en conclure que vous vous trouvez dans un état profond d'auto-hypnose... »

2) Le patient est invité à prendre une position confortable, à s'installer tout à son aise dans un fauteuil ou à s'allonger sur le dos (sur un divan, un sofa...) et à relâcher tous ses muscles.

3) Après avoir constaté que le patient se trouve suffisamment détendu, le médecin hypnotiseur reprend la parole :

— Fermez les yeux... Portez toute votre attention sur votre salive... Bientôt, vous aurez envie de déglutir... Au moment où vous déglutirez, vous serez en état d'auto-hypnose... Continuez à porter toute votre attention sur votre salive... Immanquablement, vous allez déglutir sous peu... L'envie de déglutir vous prend... C'est irrésistible, vous avez envie de déglutir... Je vais compter jusqu'à quinze... Quand je dirai « quinze », vous aurez tellement envie de déglutir que vous allez automatiquement déglutir dans les secondes qui suivent... Il se peut aussi que vous ayez envie de déglutir bien avant que j'arrive à « quinze »... Quoi qu'il en soit, votre déglutition sera signe de la concrétisation de votre auto-hypnose... Bientôt, vous allez vous sentir saliver, déglutir... Ceci prouvera la proximité du but... Votre salivation, votre déglutition prouveront l'atteinte de l'auto-hypnose, le début de votre orientation nouvelle... Dès que vous commencerez à saliver, à déglutir, tout va changer en vous... vous énerver sera impossible... disparaîtra de vous toute trace de fatigue, de stress... Vous serez en auto-hypnose... Et chaque salivation, chaque déglutition rendront votre état d'auto-hypnose plus profond et plus agréable...

4) Lentement, le médecin hypnotiseur compte jusqu'à quinze et, entre chaque chiffre, répète la suggestion : « Vous avez de plus en plus envie de déglutir... Vous êtes de plus en

plus proche de l'auto-hypnose... »

5) Le comptage terminé, si le patient a dégluti avec un plaisir évident, on le félicite. S'il n'a pas dégluti, on en fait abstraction.

6) Que le patient ait dégluti ou non, le médecin hypnotiseur poursuit par une autre suggestion :

— Imaginez que votre corps est mou comme du caoutchouc... Dites à vous-même : « Mon corps est mou comme du caoutchouc »... Gardant les yeux fermés, portez toute votre attention sur l'image mentale d'un bonhomme en caoutchouc tout mou... et dites-vous : « Je suis comme ce bonhomme en caoutchouc, tout mou... » Vous vous sentez tout mou... S'il en est ainsi, c'est parce que votre auto-hypnose augmente... Chaque exercice rend votre auto-hypnose plus profonde...

« Vous vous trouvez en auto-hypnose, vous savourez un état agréable, très agréable... Mais, je le sais, vous n'êtes pas encore complètement à l'abri de pensées parasites, pensées qui tendent à perturber votre état de détente... Méthodiquement, nous allons donc progresser encore plus loin... Une telle progression vous permettra de vous transformer... Vous n'allez plus être une victime, la proie des soucis *, vous allez complètement changer, vous identifier à l'être nouveau qui, jour après jour, va se construire dans votre esprit...

« Une bonne surprise vous attend... Dans quelques instants, je poserai la main sur votre front et ceci provoquera la disparition, pour longtemps, des pensées négatives, désagréables ou même angoissantes qui s'acharnent à vouloir vous tourmenter, accabler... Ce n'est pas tout... Quand je poserai ma main sur votre front, vous aurez la grande et bonne surprise de pouvoir pénétrer dans l'univers de votre subconscient... Une telle percée vous permettra de saisir la cause profonde de vos problèmes et de découvrir comment ils peuvent être résolus... »

7) Le médecin hypnotiseur pose la main sur le front du

* Ici, on fait allusion au motif du traitement (maladie, tabagisme, trac, etc.)

patient et affirme :
— Grâce à ma main posée sur votre front, votre esprit ferme la porte pour longtemps aux pensées négatives, nuisibles... Constatez à quel point vous vous sentez bien, complètement détendu et serein... Oui, vous éprouvez une réelle paix intérieure... L'immense sérénité que vous éprouvez crée les conditions idéales pour orienter votre esprit vers les possibilités nouvelles qui se révèlent à vous... Vous vous trouvez dans un état hypnotique et il vous est impossible de faire autrement que de suivre mes instructions...

8) En fonction des exigences (lutte contre la maladie, la douleur, le stress, etc.) et en fonction, aussi, des facteurs liés à la personnalité, au mode de vie, etc., du patient, sont données, à ce stade, les consignes les plus appropriées.

9) Le médecin hypnotiseur poursuit :
— ... L'extraordinaire état de détente dont vous bénéficiez en ce moment vous permet non seulement d'être parfaitement conscient de ce que vous devez faire pour vaincre vos problèmes, mais aussi de mettre totalement à l'écart les contraintes sociales et autres qui seraient susceptibles d'entraver la réalisation de vos projets... Vous vous sentez capable de surmonter tous les obstacles rencontrés sur votre chemin...

10) Le médecin hypnotiseur passe à la suggestion de la lévitation du bras :
— Bientôt, votre bras droit (gauche, pour les gauchers) va devenir léger, de plus en plus léger... Pendant que je vous parlerai, votre bras va devenir de plus en plus léger... Au fur et à mesure que le temps va passer, votre bras deviendra de plus en plus léger... Léger comme la plume... Léger comme l'air... Imaginez des ballons attachés à votre poignet...

11) Doucement, le médecin touche le poignet droit (en présence d'une personne gauchère, le poignet gauche) du patient et poursuit :
— Oui, des ballons bleus, des ballons roses, des ballons rouges, des ballons jaunes et des ballons verts, attachés à votre poignet... Une multitude de beaux ballons... Et, bientôt,

ils vont s'envoler... Bientôt, ces ballons attachés à votre poignet vont tirer votre bras droit (gauche) vers le haut... Tirés par ces ballons, votre main droite (gauche), puis votre bras droit (gauche) vont se soulever, irrésistiblement... Votre bras sera léger comme les ballons, léger comme l'air qui les remplit... Ça y est, les ballons s'envolent... Bleus, rouges, verts, jaunes, les ballons tirent votre bras droit (gauche) vers le haut... Irrésistiblement, tiré par les ballons, votre bras va monter avec eux... Les ballons montent, montent... montent toujours... montent encore plus... Les ballons s'élèvent... haut... toujours plus haut... votre bras droit (gauche) est léger... léger... léger... Votre bras possède la légèreté des ballons... la légèreté de l'air... Il monte avec les ballons... monte... monte... remarquez la légèreté extraordinaire de votre bras... Les ballons volent... volent... Ils entraînent votre bras... ils vous entraînent... Vous avez même l'impression de flotter au-dessus de votre corps... Vous vous sentez libéré... léger... heureux...

12) Si nécessaire, le médecin hypnotiseur répète la suggestion relative à l'entraînement du bras vers le haut par les ballons et, le cas échéant, peut même prendre le bras du patient, pour l'aider à se soulever. Puis il dit :

— Maintenant, votre bras droit (gauche) va se plier... Tout doucement, votre bras va se plier... Votre bras va descendre... descendre, jusqu'à ce que votre main puisse toucher votre front... Et, lorsque votre main touchera votre front, vous allez glisser dans un état d'auto-hypnose cent fois plus profond que celui dans lequel vous vous trouvez à présent... Votre bras descend... descend... Votre main s'approche de votre front... Votre main s'approche de votre front de plus en plus... Dans un instant, votre main touchera votre front...

13) Dès que la main se pose sur le front, on s'empresse de féliciter le patient pour l'exécution correcte de la suggestion, avant d'ajouter :

— ... A présent que votre main droite (gauche) repose sur votre front, votre état d'auto-hypnose est cent fois plus profond qu'il y a quelques instants... Mais vous pouvez plonger encore plus profondément... Je vais maintenant prendre votre bras, tout doucement, et je vais le poser sur le divan (bras de fauteuil)... Et dès que votre bras sera sur le divan (bras de fauteuil), votre état d'auto-hypnose sera encore plus profond qu'à présent...

14) Délicatement, le médecin hypnotiseur s'empare du bras droit (gauche) du patient, pour le poser sur le divan (bras de fauteuil), tout en expliquant :

— En posant votre bras sur le divan (bras de fauteuil), j'obtiens l'approfondissement de votre état d'auto-hypnose... ce qui vous permet de vous sentir encore plus détendu, encore plus résolu à vaincre le problème qui vous a décidé à pratiquer l'auto-hypnose... En plus, maintenant que votre bras se trouve allongé près de votre corps, sur le divan (bras de fauteuil), vous bénéficiez d'un état hypnotique suffisamment profond pour que nous puissions nous adresser avec succès à votre subconscient... Oui, à partir de maintenant, il vous suffira de vous dire, mentalement et cinq fois de suite, « Le bras droit (gauche) est léger comme l'air », pour qu'aussitôt vous puissiez vous retrouver en état d'auto-hypnose... Le bras droit (gauche) est léger comme l'air... Le bras droit (gauche) est léger comme l'air... Allez-y, apprenez à vous placer en auto-hypnose... Répétez cinq fois, mentalement : « Le bras droit (gauche) est léger come l'air... »

15) Après avoir donné au patient le temps d'exécuter l'instruction, on poursuit :

— Votre bras droit (gauche) étant léger comme l'air, vous êtes en auto-hypnose et libéré du fardeau de vos tensions... Plus votre bras droit (gauche) est léger, plus vous êtes détendu... Et, maintenant, vous allez pouvoir constater l'existence du rapport direct qui s'est établi entre vous et votre subconscient... C'est simple : il vous suffit de penser « Le bras droit (gauche) est léger comme l'air », immédiatement votre subconscient rend votre bras léger comme l'air... Vous le constatez, « ça marche »... Vous pouvez désormais vous mettre en état d'auto-hypnose sans la moindre difficulté... Vous pouvez désormais combattre la maladie, la douleur, le stress et tous les problèmes rencontrés dans la vie de tous les jours... Je vais d'ailleurs mobiliser moi-même votre subconscient, pour qu'il puisse voler à votre secours en toute circonstance... En prononçant vos nom et prénom (le faire)... je m'adresse à votre subconscient et obtiens ainsi qu'il vienne à votre secours en toute circonstance, vous permettant de vous détendre, de vous transformer, de vous métamorphoser, de devenir un individu nouveau, sain, équilibré, confiant, courageux, résolu, etc. (Ici, les propos tenus doivent être adaptés aux exigences du cas précis)... Je vous l'affirme, grâce à votre initiation à la pratique de l'auto-hypnose, vous serez à même de déclencher un réflexe conditionné automatique de détente en toutes circonstances, y compris les situations les plus stressantes... Vous vous direz, mentalement, à cinq reprises, la phrase « Le bras droit (gauche) est léger comme l'air », vous saliverez trois fois et, immanquablement, vous vous trouverez en état d'auto-hypnose.

16) Un répit d'une ou deux minutes est conseillé, avant d'aborder la suggestion de la descente d'un escalier (montée, si le patient le préfère). On dit :

— Imaginez-vous en haut (en bas) d'un escalier de cinquante marches... Vous allez descendre (monter) cet escalier et, à chaque marche, vous allez approfondir votre auto-hypnose encore plus... Allons-y, commencez votre descente (montée)... Vous descendez (montez) la première marche, vous trouvant ainsi à votre niveau numéro un, et vous vous dites, en pensée : « Je descends (monte) la première marche, me trouve à mon niveau numéro un et, par là, j'approfondis mon auto-hypnose »... Maintenant, la deuxième marche, en vous disant, toujours mentalement : « Je descends (monte) la deuxième marche, j'approfondis mon auto-hypnose encore plus...

Inlassablement, le médecin hypnotiseur assiste de la sorte le patient, jusqu'à l'atteinte du bas (haut) de l'escalier, niveau où la suggestion porte sur la réalisation de la détente la plus totale, sur la concrétisation de l'auto-hypnose la plus profonde.

17) La descente (montée) mentale de l'escalier étant terminée, le moment est propice pour programmer la phase qui correspond à l'une des étapes majeures de nombreux procédés d'hypnotisation, la *suggestion posthypnotique.* On dit donc ceci :

— Maintenant que votre détente est totale, maintenant que vous vous trouvez en état d'auto-hypnose le plus profond possible, je peux vous livrer le mot clé... Ce mot clé vous permettra de vous placer en auto-hypnose ou bien, si vous êtes déjà en état d'auto-hypnose, d'entrer dans une auto-hypnose encore plus profonde... Oui, en toutes circonstances, il vous suffira de répéter mentalement trois fois de suite le mot clé que je vais vous révéler, vous glisserez aussitôt en auto-hypnose ou bien, si déjà en état d'auto-hypnose, vous réussirez, grâce à ce mot-clé, à atteindre un état d'auto-hypnose encore plus profond... Alors voilà, votre mot clé ou, si vous préférez, votre code est « Fakir »*... Pour approfondir votre auto-hypnose, je dis « Fakir »... « Fakir »... « Fakir »... et, mentalement, vous répétez « Fakir »... « Fakir »... « Fakir ».

18) Après avoir observé quelques instants de silence, le médecin hypnotiseur procède au réveil du patient :

— Et, maintenant, c'est le retour... Je dis « un » et l'auto-hypnose s'estompe... Je dis « deux » et vous allez vous réveiller... Je dis « trois » et vous êtes réveillé, frais et dispos.

A savoir

Nommée *auto-hypnose combinée* parce qu'elle comporte des suggestions qui portent sur trois voies différentes (salivation avec déglutition, imagination de la légèreté des bras et emploi

* Ce n'est qu'un exemple. Le médecin hypnotiseur choisit le mot clé (code) qui lui semble le plus conforme au cas du patient.

du mot clé ou code), cette technique élaborée par le Dr Guyonnaud possède l'avantage de rendre l'auto-hypnose facilement accessible : grâce à elle, parviennent à se plonger en auto-hypnose même des personnes qui, jusque-là, avaient toujours échoué.

TECHNIQUE N° 18 (DU « MAGNÉTISME »)

Indications : toutes celles énumérées à la page 24

Ici encore, nous sommes en présence d'une méthode qui exige l'intervention du médecin hypnotiseur...

Le déroulement de l'enseignement

1) Le médecin hypnotiseur demande au patient de s'asseoir confortablement en face de lui, puis dit :
— Vous savez certainement ce qu'est le magnétisme humain. Eh bien, il se trouve que j'ai le privilège de posséder un fluide magnétique particulièrement puissant. Vous allez d'ailleurs le constater... Prenez donc mes doigts entre vos mains. Je vais ainsi pouvoir vous transmettre une partie de mon fluide magnétique, une partie de cette énergie qui est à même de vous revitaliser... Pour vous permettre de vous revitaliser, je vais vous transmettre une partie de mon fluide magnétique, sans rien dire pendant une bonne minute, mais me concentrant sur la transmission d'une telle énergie revitalisante...
2) Après avoir observé le silence durant une minute environ, le médecin hypnotiseur reprend la parole :
— A présent que vous êtes frais et dispos, nous allons

passer à un exercice... Vous allez serrer mes doigts, fortement... Allez-y, serrez-les, de plus en plus fort... Encore plus... Vous ne pouvez plus lâcher mes doigts... Plus vous allez essayer de les lâcher, moins vous le pourrez... Vous serrez mes doigts, il vous est impossible de ne pas serrer mes doigts et, en serrant mes doigts, vous devenez de plus en plus fort, vous pouvez les serrer de plus en plus fortement...

3) Si l'expérience n'est pas concluante, il convient d'insister, jusqu'à ce que le patient réponde pleinement à la suggestion, stade auquel on poursuit :

— A présent, je vais retirer ma main, lentement... Et puisque vous ne pouvez pas lâcher ma main, vos mains vont obligatoirement suivre le mouvement de la mienne...

4) Doucement, le médecin hypnotiseur retire la main et dit :

— Vos mains sont solidement attachées à la mienne... Je retire ma main, il vous est impossible de la lâcher, vos mains suivent le mouvement de ma main... Et, maintenant, je vais compter à rebours, de « trois » à « un »... Lorsque je dirai « un », non seulement vous serez capable de lâcher ma main, mais encore vous vous trouverez dans un état particulier, propice à l'assimilation de l'auto-hypnose... Oui, lorsque je dirai « un », vous vous trouverez dans un état qui vous permettra d'apprendre comment provoquer votre auto-hypnose d'une manière instantanée, grâce à un mot de code... Je dis « trois »... Vous allez apprendre, grâce à un mot de code, comment vous trouver en état d'auto-hypnose... Je dis « deux »... Dans quelques instants, vos mains se détacheront de la mienne et vous serez à même d'apprendre le mot de code de votre auto-hypnose... Je dis « un »... Vos mains se détachent de la mienne... Vous éprouvez une sensation de détente... Profitez-en, détendez-vous encore plus, fermez les yeux, pour vous détendre davantage... Et, maintenant que vous êtes bien détendu, je vais vous apprendre votre mot de code... Et, quand je dirai ce mot de code à trois reprises, vous finirez par vous glisser en état d'auto-hypnose... Oui, il suffira que je dise trois fois le mot de code, vous serez en auto-hypnose... Que vos yeux restent fermés ou soient ouverts, vous allez alors éprouver une délicieuse sensation de paix intérieure... Cette délicieuse sensation de paix intérieure vous permettra d'établir le contact avec votre subconscient...

5) Dès que l'attitude du patient laisse conclure à sa réceptivité (autrement dit, au stade où il ne faut plus répéter les suggestions pour en arriver là), on poursuit :

— Voilà, votre mot de code, pour entrer en auto-hypnose, se compose d'une voyelle, « A » et de trois consonnes, « H », « S » et « K »... Votre mot codé est donc « AHSK »... Je vais bientôt prononcer ce mot codé « AHSK » trois fois d'affilée et vous serez alors en auto-hyypnose... Ceci veut dire que, à partir de ce moment-là, où que vous soyez, en face de moi ou à des milliers de kilomètres de mon cabinet, la prononciation du mot codé « AHSK » vous plongera automatiquement en auto-hypnose... Oui, à partir de ce moment-là, que je prononce « AHSK » en votre présence ou que je vous le dise par téléphone, il suffira, pour vous, de l'entendre trois fois, aussitôt vous vous retrouverez dans l'état agréable qui est le vôtre à présent... Et, en plus, vous vous trouverez alors dans l'obligation absolue de faire tout ce que je vous dirai de faire dans votre intérêt, pour vaincre la maladie ou n'importe quel problème qui se pose à vous... Tout cela étant bien clair, pour que les paroles que je viens de dire puissent s'implanter plus profondément dans votre subconscient, je vais maintenant garder le silence pendant quelques instants...

6) Après un bref répit, on reprend la parole :

— Quand je dirai « AHSK » trois fois d'affilée, vous glisserez en auto-hypnose... le mot codé « AHSK » va déclencher votre auto-hypnose automatiquement et instantanément... Chaque fois que vous m'entendrez prononcer « AHSK » trois fois d'affilée, vous serez en état d'enregistrer au plus profond de vous-même tout ce que je vous dirai pour votre plus grand bien...

7) On procède au réveil, par une formule analogue à celle utilisée dans le cadre de la Technique n° 17 :

— Et, maintenant, c'est le retour... Je dis « un » et l'auto-hypnose s'estompe... Je dis « deux » et vous allez vous réveiller... Je dis « trois » et vous êtes réveillé, frais et dispos.

8) Un test est effectué : le médecin hypnotiseur prononce le mot codé trois fois d'affilée...

9) Si le test est concluant, on profite de l'état hypnotique du patient pour lui conférer la faculté de se placer tout seul en auto-hypnose :

— ... Tout ce que je vous dis reste gravé dans votre mémoire... A partir de cet instant, à tout moment, où que vous soyez, il vous suffira de prononcer le mot codé « AHSK » trois fois d'affilée ou de le faire mentalement, rien que par la pensée, pour que, aussitôt vous vous retrouviez en auto-hypnose, dans l'état agréable de détente totale qui est le vôtre maintenant...

On répète cette suggestion à deux reprises.

10) Le patient est réveillé (par la formule de la phase n° 7) et, peu après, on l'invite à se mettre en auto-hypnose, grâce au mot codé utilisé à haute voix ou mentalement.

11) Si le patient réussit à se mettre en auto-hypnose, on continue ainsi :

— A présent, nous allons nous livrer à une expérience qui vous aidera à vous familiariser avec l'hypnose à distance ou, si vous le préférez, avec le phénomène de la télépathie... Voilà, je vais passer dans la pièce voisine et j'y agirai de sorte que quelque chose se passe en vous... Peut-être éprouverez-vous de la lourdeur, un engourdissement, un besoin de dormir ou vous aurez envie de saliver, de déglutir... Il se peut aussi que, tout simplement, s'empare de vous une très agréable sensation de bien-être... Pour obtenir ceci, je vais faire appel, peut-être, au mot codé, mais ce n'est pas sûr... Quoi qu'il en soit, deux sont les éventualités : ou vous ressentirez quelque chose ou vous ne ressentirez rien... Pour le moment, il ne vous reste qu'à attendre, avec calme, avec sérénité... Une chose est certaine : fort curieusement, quand je serai à côté et me concentrerai sur vous, plus vous chercherez à me résister, plus vous serez porté à me céder...

12) Le médecin hypnotiseur se rend dans la pièce voisine et, effectivement, il adresse mentalement des instructions au patient, pendant deux minutes environ.

13) De retour, le médecin hypnotiseur observe le patient, puis le questionne, au sujet des sensations qu'il a éventuellement éprouvées. (Une telle vérification est évidemment utile, elle fournit des indices quant aux réactions que le patient pourra avoir au cours de la thérapie hypnotique envisagée.)

14) Le lendemain, il est recommandé de procéder à une consolidation des suggestions données. Pour cela, le patient doit téléphoner au médecin hypnotiseur, qui lui dira :

— Installez-vous confortablement... Tout en gardant le téléphone d'une main et laissant libre l'autre, pratiquez la respiration abdominale... Ventre en avant à l'inspiration... Ventre en arrière à l'expiration... Continuez ainsi et ressentez bien comme votre ventre se soulève... comme il s'abaisse... Dans un instant, je prononcerai, trois fois d'affilée, votre fameux mot de code... Aussitôt, vos yeux se fermeront et vous glisserez en auto-hypnose... La paix intérieure s'installera en vous... Vous éprouverez une merveilleuse sensation de détente et vous pourrez établir un contact direct avec votre subconscient... Instantanément, vous vous retrouverez dans l'état agréable que vous avez savouré hier, au cours de notre séance... Dès que je vais employer le mot de code, vous vous trouverez dans l'obligation absolue de retourner en état d'auto-hypnose... Attention, dans un instant, je vais prononcer le mot de code... Je prononce le mot de code... « AHSK »... « AHSK »... « AHSK »... Continuez à respirer ventre en avant à l'inspiration, ventre en arrière à l'expiration... A chaque mouvement respiratoire, votre auto-hypnose s'approfondit... Votre auto-hypnose augmente de plus en plus... Votre subconscient enregistre parfaitement tout ce que je dis... Vous allez guérir... Vous guérirez...

A savoir

Cette technique particulièrement efficace peut être utilisée aussi bien pour combattre la maladie, que pour réaliser une cure de désintoxication ou pour faciliter un apprentissage. On peut d'ailleurs obtenir un renforcement de l'auto-hypnose provoquée par son intermédiaire. Pour cela, après avoir demandé au patient d'apporter un livre de son choix (une « saine lecture », évidemment), le médecin hypnotiseur écrit « AHSK » en gros caractères sur plusieurs morceaux de papier, puis lui dit ceci :

— Je place ces bouts de papiers avec le mot de code « AHSK » sur certaines pages de votre livre... Quand vous lirez ce livre, chez vous ou ailleurs, chaque fois que vous rencontrerez le mot de code « AHSK » écrit de ma main, vous glisserez en auto-hypnose, automatiquement et sans que vos yeux se ferment... Chaque fois que vous lirez le mot de code « AHSK » écrit de ma main, vous entrerez en auto-hypnose et vous serez à même de ranimer votre résolution de combattre la maladie (douleur, stress, etc.), grâce aux indications que je vous ai données (que je vous donnerai)...

Si le but est d'aider le patient dans la réussite d'un examen ou d'un concours, la formule à employer est la suivante :

— ... A la lecture du mot de code « AHSK », vous entrerez automatiquement en auto-hypnose et ceci les yeux ouverts... Vous allez inscrire le mot de code « AHSK » en haut de chaque page du ou des manuels qui vous servent à préparer votre examen (concours)... La lecture du mot de code vous permettra d'être en auto-hypnose et d'assimiler ainsi plus facilement les données qui figurent sur la page en question... Vos yeux resteront ouverts et, étant en auto-hypnose, vous n'aurez aucun mal à retenir tout ce que vous devez apprendre pour réussir votre examen (concours)... La lecture du mot de code « AHSK » activera votre mémoire, travailler sera facile, facile comme un jeu d'enfant... Et, pour mettre un terme à votre état d'auto-hypnose, il vous suffira de fermer les yeux et de vous dire, cinq fois, mentalement : « Je vais sortir d'auto-hypnose »....

TECHNIQUE N° 19
(DU KARATÉ SOPHROLOGIQUE)

Indications : toutes celles énumérées à la page 24

Il s'agit d'une technique mise au point par le Dr Guyonnaud. Elle s'intègre dans sa méthode du Karaté Sophrologique, qui est à la fois un système de rééquilibration de l'énergie, un sport médical, une combinaison originale d'exercices corporels et psychologiques, un procédé de décontraction musculaire associée à l'exploitation de l'imagerie mentale, une psychothérapie à partir des arts martiaux (du karaté, en particulier), une philosophie, une école de maîtrise de soi, un moyen de renforcement de la personnalité et du sens de la responsabilité, un facteur de développement de la faculté de l'individu de « s'intégrer au sein de l'Univers », un rapprochement entre les psychologies de l'Orient et de l'Occident... mais aussi un condensé de recettes de self-défense, une technique de respiration et de massage des points psychiques d'acupuncture par soi-même, tout comme un moyen d'éliminer les crispations par la voie musculaire, mécanique*.

* Voir « *Le Karaté Sophrologique* » (Ed. Maloine) et « *Surmultipliez votre puissance sexuelle* » (Jacques Grancher, Editeur).

Le déroulement

1) S'étendre sur le dos et se dire : « Je suis tranquillement couché », autant de fois que nécessaire, autrement dit jusqu'à en acquérir la sensation.
2) Se dire (si nécessaire, se le répéter) : « Je détends les muscles de tout mon corps » et, sans accorder attention à d'autres pensées, s'abandonner à une telle détente musculaire généralisée.
3) Se dire, deux fois : « Je détends les muscles des mains »... et le faire.
4) Se dire, deux fois : « Je détends les muscles des avant-bras »... et le faire.
5) Se dire, deux fois : « Je détends les muscles des bras »... et le faire.
6) Se dire, deux fois : « Je détends les muscles des épaules »... et le faire.
7) Se dire, deux fois : « Je détends les muscles des pieds »... et le faire.
8) Se dire, deux fois : « Je détends les muscles des mollets »... et le faire.
9) Se dire, deux fois : « Je détends les muscles des cuisses »... et le faire.
10) Se répéter, quatre ou cinq fois : « Mes bras sont lourds »... et imaginer ses bras transformés en sacs de toile qui se remplissent de plomb progressivement.
11) Se répéter, quatre ou cinq fois : « Mes jambes sont lourdes »... et imaginer, ici encore, ses jambes transformées en sacs de toile qui se remplissent de plomb progressivement.
12) Se dire, deux fois : « Je détends les muscles du front »... et le faire.
13) Se dire, deux fois : « Je détends les muscles de l'occiput »... et le faire.
14) Se dire, deux fois : « Je détends les muscles de la bouche »... et le faire.

15) Se dire, deux fois : « Je détends les muscles du nez »... et le faire.
16) Se dire, deux fois : « Je détends les muscles des yeux »... et le faire.
17) Se dire, deux fois : « Je détends les muscles des oreilles »... et le faire.
18) Se dire, deux fois : « Je détends les muscles du cou »... et le faire.
19) Se dire, deux fois : « Je détends les muscles de la poitrine »... et le faire.
20) Se dire, deux fois : « Je détends les muscles de l'abdomen »... et le faire.
21) Se dire, deux fois : « Je détends les muscles de la nuque »... et le faire.
22) Se dire, deux fois : « Je détends les muscles du dos »... et le faire.
23) Se dire, deux fois : « Je détends les muscles du bassin »... et le faire.
24) Se dire, *trois fois :* « Je détends les muscles de tout mon corps »... et le faire.
25) Approfondir la sensation de détente, en s'imaginant à la campagne (au bord de la mer ou à la montagne, selon ses préférences), en train de se reposer ou de se promener, de s'adonner aux jeux de plein air, etc.

A savoir

Les vingt-cinq phrases doivent être assimilées progressivement :
— *la première leçon* comprend les exercices 1 et 2 ;
— *la deuxième leçon,* après la pratique des deux premiers exercices, va jusqu'au neuvième exercice inclus ;
— *la troisième leçon* reprend les neuf exercices antérieurs et se poursuit par la dixième ;
— *la quatrième leçon* ajoute aux autres le onzième exercice ;
— *la cinquième leçon* englobe la totalité des 25 exercices.

La familiarisation avec la technique implique donc cinq étapes consécutives, chaque palier n'étant franchi qu'après la parfaite maîtrise du ou des exercices qui le composent.

Lorsque les vingt-cinq exercices sont tous bien appris, il faut les pratiquer, dans leur totalité, d'une manière régulière, de préférence quotidiennement (si l'on est rompu à la technique, cela ne demande même pas cinq minutes).

Il est conseillé de terminer en se disant, trois ou quatre fois : « Grâce à cette séance, mon corps et mon esprit se sont fortifiés »... et d'en acquérir la conviction profonde !

La position couchée n'est indispensable qu'au début. A partir du moment où l'on parvient à effectuer la totalité des exercices sans la moindre difficulté, rapidement, pour ainsi dire automatiquement, il devient possible de s'habituer, progressivement, à une pratique en position assise ou même debout.

TECHNIQUE N° 20
(DU TRAINING AUTOGÈNE)

Indications : toutes celles énumérées à la page 24

Pour terminer, voici la technique universellement la plus connue et la plus souvent préconisée en médecine, celle du Training Autogène, mise au point par le psychothérapeute berlinois J. H. Schultz, au cours des années vingt. Certains la considèrent comme « typiquement hypnotique », d'autres préfèrent la classer dans la catégorie des procédés de relaxation sans évoquer les termes « hypnose » ou « auto-hypnose », mais il n'est pas question, pour nous, de suivre les méandres d'une discussion qui tient compte uniquement des aspects théoriques de la méthode...

Le déroulement

1) S'allonger sur le dos ou s'installer dans un fauteuil confortablement, si possible à l'abri de tout bruit, et fermer les yeux.
2) Se dire, mentalement : « Je suis absolument calme »... et en acquérir la conviction.
3) Toujours mentalement, se dire : « J'éprouve une lourdeur irrésistible au bras droit » (au bras gauche, si l'on est gaucher), en répétant cette phrase cinq fois et en se laissant

effectivement aller à l'idée que quelque poids invisible rend ce bras anormalement lourd.

4) La sensation de lourdeur éprouvée, plier les bras, respirer profondément et ouvrir les yeux.

5) Aussitôt après, refermer les yeux, se dire : « Je suis absolument calme », puis ajouter : « J'éprouve une lourdeur irrésistible au bras gauche » (au bras droit, si l'on est gaucher), en répétant cette dernière phrase cinq fois et, comme précédemment, en essayant de se convaincre de la réalité de cette assertion.

6) Dès que l'alourdissement du second bras est ressenti, se dire encore : « Je suis absolument calme », puis, en répétant cinq fois la phrase : « J'éprouve une lourdeur irrésistible aux bras et aux jambes », essayer d'imaginer les bras et les jambes lourds, très lourds...

7) Après avoir réussi à imaginer la grande lourdeur des bras et des jambes, les plier simultanément, respirer profondément et ouvrir les yeux.

8) Refermer les yeux et se dire, une fois de plus : « Je suis absolument calme » (et le penser vraiment !), puis ajouter : « J'éprouve une lourdeur irrésistible dans tout mon corps », phrase qui doit être répétée cinq fois, en veillant à ce que la force de l'imagination permette de ressentir une telle sensation de lourdeur généralisée.

9) Ayant éprouvé la sensation de la lourdeur dans tout le corps, s'adonner à la détente pendant quelques instants, puis plier simultanément les bras, respirer profondément et ouvrir les yeux...

Après ce premier exercice, qui est apte à procurer une excellente *relaxation musculaire,* vient celui qui vise à la *relaxation vasculaire* et implique un procédé presque analogue, la différence étant que, cette fois, la sensation recherchée est celle non pas de la lourdeur mais de la chaleur du corps.

1) En position confortable couchée ou assise et si possible à l'abri des bruits, fermer les yeux.

2) Se dire que l'on est calme (et s'en persuader).

3) Se dire, cinq fois, mentalement : « J'éprouve une chaleur agréable au bras gauche » (au bras droit, si l'on est gaucher) et, l'imagination aidant, « ressentir » cette chaleur.
4) Plier les bras, respirer profondément et ouvrir les yeux.
5) Refermer les yeux et se dire que l'on est calme... sans se mentir !
6) Se dire, cinq fois : « J'éprouve une chaleur agréable au bras droit » (au bras gauche, si l'on est gaucher) et faire de son mieux pour en éprouver l'impression.
7) Se dire : « Je suis absolument calme »... et l'être !
8) Se dire : « J'éprouve une chaleur agréable aux bras et aux jambes », le répéter quatre ou cinq fois et laisser cette chaleur imaginaire pénétrer progressivement bras et jambes.
9) Plier les bras, respirer profondément et ouvrir les yeux.
10) Fermer les yeux et se dire : « Je suis absolument calme » (avec conviction !).
11) Se dire, cinq fois : « J'éprouve une chaleur agréable dans tout mon corps »... et se laisser envahir par une telle sensation.
12 Pendant quelques instants, savourer la sensation généralisée de chaleur.
13 Plier les bras, respirer profondément et ouvrir les yeux.

Le troisième exercice a pour but la *régulation du rythme cardiaque* et comporte cinq phases seulement :
1) Comme avec les deux premiers exercices, il faut commencer par s'installer le plus confortablement possible, soit couché sur le dos, soit assis dans un fauteuil, puis fermer les yeux.
2) Se dire : « Je suis absolument calme »... et en être conscient !
3) Se dire : « Mon cœur bat calme et fort », à cinq reprises consécutives, et se concentrer, de manière à pouvoir suivre les battements « calmes et forts » de son cœur.
4) Pendant quelques instants, se laisser bercer par le rythme cardiaque régulier qu'on a réussi à percevoir.

5) Plier les bras, respirer profondément et ouvrir les yeux.

Les trois exercices restants ont pour but la *régulation*, respectivement, *des organes respiratoires, abdominaux et céphaliques.*

Le procédé est identique à celui utilisé pour la régulation cardiaque, mais, au lieu de « Mon cœur bat calme et fort », on doit dire, à la troisième phase de l'exercice, toujours cinq fois :

— « Mes poumons respirent profondément et régulièrement », pour le quatrième exercice.

— « Mon plexus solaire est inondé d'une chaleur agréable », pour le cinquième exercice.

— « Mon front est envahi par une fraîcheur agréable », pour le cinquième exercice...

étant entendu que, chaque fois, on doit parvenir à en éprouver réellement la sensation.

A savoir

Pour être bien assimilé, le Training Autogène exige normalement six mois environ. Mais ceux qui s'y appliquent peuvent parfois se familiariser avec la méthode en trois mois, à condition de se consacrer, deux fois par jour, de préférence aux mêmes heures :

— au premier exercice (lourdeur) pendant quinze jours ;
— au deuxième exercice (chaleur) pendant quinze jours ;
— au troisième exercice (cœur) pendant quinze jours ;
— au quatrième exercice (respiration) pendant quinze jours ;
— au cinquième exercice (plexus solaire) pendant quinze jours ;
— au sixième exercice (front) pendant quinze jours...

ce qui laisse comprendre qu'il est indispensable de ne passer au deuxième exercice qu'après avoir bien maîtrisé le premier, de connaître à fond le deuxième avant d'aborder le troisième, etc.

Par la suite, on peut pratiquer la totalité des six exercices régulièrement (une fois par jour), comme une sorte de gymnastique quotidienne. A ce prix est assuré l'équilibre constant du corps et de l'esprit, et ceci en dépit de l'ampleur des problèmes qu'on a à affronter.

Si le but recherché est de nature ponctuelle (lutte contre une maladie déterminée ou contre la fatigue, l'insomnie, etc.) rien ne s'oppose à ce que l'exécution des exercices (partielle ou intégrale, selon les cas) ait lieu uniquement pendant une période de durée variable et, si nécessaire, plusieurs fois par jour.

Il est à noter aussi qu'en dépit des apparences, le Training Autogène ne demande pas qu'on lui consacre « un temps fou » : ceux qui sont rompus à sa technique peuvent effectuer l'ensemble des exercices en moins d'un quart d'heure...

Une dernière remarque : il est recommandé de ne pas brûler les étapes ! Pour ce qui est, par exemple, des sensations de chaleur ou de lourdeur généralisées, loin d'insister pour les obtenir absolument dès le début, il faut attendre patiemment qu'elles se manifestent, au bout d'un certain nombre d'essais.

LES TESTS

Quand on cherche à savoir si quelqu'un se prête facilement ou non à la pratique de l'auto-hypnose les tests n'ont qu'une valeur très relative. Tout simplement parce que le « déclic » dont nous avons parlé (pages 29-30) tient également ici un rôle primordial : il n'est pas rare que le résultat soit négatif lors du ou des tests et qu'à un autre moment la même personne parvienne à se mettre en état d'auto-hypnose sans la moindre difficulté...

Les tests ont en revanche un intérêt certain si l'on souhaite se faire une petite idée de la profondeur de l'état d'auto-hypnose qui a été atteinte ou encore les fois où on aimerait obtenir une « preuve concrète » de la manifestation de l'auto-hypnose.

Le test des paupières

C'est le test le plus fréquemment utilisé en milieu médical. Le médecin hypnotiseur suggère au patient, qui a les yeux fermés :

— ... Pensez que vous ne pouvez plus ouvrir les yeux.. Crispez les paupières... Fermez fortement les yeux... je vais vous y aider...

Se servant du pouce et de l'index de sa main droite, le médecin hypnotiseur se saisit de la peau du patient, au niveau de la racine du nez, puis poursuit :

— Une lourdeur va envahir vos yeux... Vos paupières deviendront lourdes, très lourdes... Dès à présent, vos paupières vous paraissent lourdes... Vos paupières semblent lourdes... Vos paupières sont lourdes et deviennent de plus en plus lourdes... Bientôt, vous ne pourrez plus ouvrir les yeux... Déjà, vos paupières se collent... Elles se collent de plus en plus... Ouvrir les yeux vous sera très difficile... Vous éprouverez mille difficultés à ouvrir les yeux... Je vous scelle les yeux... Vos paupières ne peuvent plus se lever et, dans quelques instants, malgré tous vos efforts, il vous sera impossible d'ouvrir les yeux... Les muscles de vos yeux se contractent... A chaque seconde qui passe, vos paupières s'attachent de plus en plus solidement... Quand je dirai « trois », il vous sera impossible d'ouvrir les yeux... Lorsque je dirai « trois », vos paupières seront complètement serrées... Plus vous allez essayer de lever vos paupières, moins vous le pourrez... A « trois », il vous sera impossible d'ouvrir les yeux... Un... Vos paupières sont solidement prises... Deux... Vos paupières sont de plus en plus serrées... Vos paupières se collent, vos paupières sont collées... Trois !...

La peau du patient est brusquement lâchée, après quoi la suggestion touche à sa fin :

— Maintenant, vos yeux sont pris... Vous ne pouvez plus les ouvrir... Ils s'attachent davantage... Vos paupières sont tellement collées que vous ne pouvez pas ouvrir les yeux... Il vous est impossible de lever les paupières... Plus vous allez essayer d'ouvrir les yeux, moins vous le pourrez... Essayez donc de les ouvrir... Impossible, vous êtes incapable d'ouvrir les yeux... Une force ferme vos yeux...

Test des mains serrées

Le patient est invité à joindre les mains, puis on lui dit :

— ... Tendez vos bras en avant... Serrez bien vos mains... Serrez-les encore plus fort... En même temps, rendez vos bras raides et rigides comme deux barres de fer... Vos mains s'attachent... pensez que vos mains s'attachent comme sous l'action d'une colle instantanée... Vos mains se serrent... Vos mains se serrent de plus en plus... Bientôt, quand je dirai « trois », vous serez d'ailleurs incapable de les séparer... Plus vous allez essayer de les séparer, plus elles s'attacheront fortement... Plus vous allez essayer, moins vous le pourrez... Quand je dirai « trois », en essayant de séparer les mains, vous aurez l'impression qu'elles entrent l'une dans l'autre... Vous serez dans l'impossibilité de les desserrer... Il vous sera impossible de dénouer les mains... Plus vous allez essayer de les séparer, plus vous sentirez qu'elles se serrent... Vos bras deviennent de plus en plus rigides... Vos muscles se contractent... Vos mains serrées deviennent dures, dures comme du bois... Je vais compter... Un... Vos mains sont solidement prises... Deux... Vos mains sont de plus en plus serrées... toujours plus serrées... Elles se rivent l'une à l'autre... Elles se clouent... Elles se collent... Elles se soudent... Elles adhèrent l'une à l'autre... Elles sont rivées... collées... soudées... Trois !... Vous êtes à présent incapable de séparer vos mains... Plus vous essayez, moins vous pouvez... Vos mains s'attachent de plus en plus... se rivent de plus en plus... se soudent de plus en plus... Séparer les mains vous est impossible... impossible... Plus vous essayez de séparer les mains, plus elles se serrent l'une contre l'autre... Vos mains sont in-dé-ta-cha-bles... A chaque seconde qui passe, vos mains s'attachent encore plus fortement... elles entrent l'une dans l'autre... Impossible de les défaire... Essayez encore... Vous n'y arrivez pas... Vos mains s'attachent doublement... triplement...

Test de la légèreté du bras

Le patient se tient assis ou couché, en face du médecin hypnotiseur, qui le regarde fixement dans les yeux, tout en lui disant :

— Pensez que votre bras gauche va se lever horizontalement, jusqu'à arriver à la hauteur de votre visage... Déjà, insensiblement, votre bras commence à se lever... Petit à petit, votre bras se lève... De plus en plus, votre bras va se lever... Imaginez-vous à une fête foraine... Vous achetez une dizaine de ballons multicolores et les attachez au poignet gauche... Les ballons tirent votre bras... Attachés à votre poignet, les ballons tirent votre bras vers le haut... Avec les ballons qui montent, votre bras monte, lui aussi... Entraîné par les ballons, votre bras gauche se lève... se lève de plus en plus... L'autre bras reste immobile, mais celui avec les ballons monte, monte... monte de plus en plus... Devenu léger comme un ballon, votre bras gauche se lève tout seul, de plus en plus... Il se lève... il se lève... et continue à se lever... De plus en plus haut... les ballons montent, ils entraînent votre bras... Comme les ballons, votre bras monte, irrésistiblement... Léger comme un ballon, votre bras monte... monte... monte...

Test de la lourdeur des jambes

Le patient se tient debout, les bras le long du corps, et reçoit la suggestion suivante :

— Pensez que vos pieds sont lourds... tellement lourds que vous ne pouvez pas les soulever... Appuyez vos pieds bien contre le sol... encore plus... Portez tout votre poids sur les pieds... Imaginez qu'un poids invisible s'empare de vos pieds... Déjà, vos pieds vous paraissent lourds... de plus en plus lourds... Une lourdeur invisible s'est glissée dans vos pieds et les rend lourds... terriblement lourds... Vos pieds s'alourdissent de plus en plus et ils vont devenir encore plus lourds... Vos pieds sont lourds... lourds... lourds... A chaque seconde qui passe, vos pieds deviennent de plus en plus lourds... lourds... lourds... Et, à présent, la lourdeur commence à gagner vos jambes... De plus en plus, vos mollets deviennent lourds... lourds... lourds... La lourdeur monte... Vos pieds sont lourds, vos mollets sont lourds et la lourdeur s'empare aussi de vos cuisses... Les muscles de vos cuisses se contractent... Vos cuisses deviennent raides... Vos jambes deviennent raides... raides comme des poteaux... Vos pieds se rivent au sol... Vos pieds se fixent au sol... se soudent au sol... se collent au sol... Vos pieds se collent au sol de plus en plus... Dans un instant, quand vous allez essayer de les lever, vous ne le pourrez pas... Plus vous allez essayer, moins vous le pourrez... Quand je dirai « trois », il vous sera impossible de soulever les pieds... Quand je dirai « trois », il vous sera impossible de bouger les jambes... Quand je dirai « trois », il vous sera impossible d'avancer ou de reculer... Je vais compter... Un... Vos pieds sont lourds, lourds, de plus en plus lourds, terriblement lourds... C'est comme si vous aviez un énorme poids aux pieds... un poids énorme qui les empêche de bouger... Deux... Vos pieds sont encore plus lourds... terriblement lourds... Vos pieds sont rivés au sol... collés au sol... bien collés, complètement collés au sol... cloués au sol... Trois !... Impossible de soulever les pieds... Soulever vos pieds est absolument impossible... Vos pieds sont trop lourds... trop lourds... Plus vous essayez de bouger les pieds, moins vous le pouvez... Vos jambes sont tellement lourdes qu'il vous est impossible de les bouger... Vos pieds se collent au sol... Vos pieds sont lourds... collés au sol... complètement collés au sol... Impossible d'avancer ou de reculer... Vous êtes collé, cloué au sol... cloué au sol... Impossible de bouger... Plus vous essayez de bouger, plus vos pieds se collent au sol...

Test de l'insensibilité

Le patient est invité à se répéter, plusieurs fois :

— Ma main gauche (droite) est insensible à la douleur...

Puis, en le pinçant des doigts, le médecin vérifie si la suggestion a porté ses fruits...

***

A noter, tous ces tests destinés à contrôler l'atteinte ou la profondeur de l'état d'auto-hypnose s'inspirent de procédés qu'on utilise en hypnose médicale, tantôt pour tester l'hypnotisabilité du patient, tantôt pour contribuer à l'induction de l'hypnose *.

Pour ce qui est du test des mains serrées, du test de la légèreté

** Voir « *L'Hypnose pratique en 11 leçons* » et « *L'hypnose qui guérit* », édités par Jacques Grancher.

et du test de l'insensibilité, ils peuvent être effectués également sans le concours du médecin hypnotiseur (la personne qui pratique l'auto-hypnose se dit : « Mes mains s'attachent... » ou « Mon bras va se lever... », etc.).

LE RÉVEIL

Dans le cadre de la description des techniques nos 17 et 18, nous avons fait allusion aux procédés qu'emploie le médecin hypnotiseur pour mettre un terme à l'état d'auto-hypnose de son patient. Reste à préciser comment il faut s'y prendre quand on est tout seul...

Eh bien, rien de plus facile. Il suffit de se répéter, trois ou quatre fois :

« Maintenant, je sors de l'auto-hypnose... Je me réveille ! »

Réveil « déguisé »

Parfois, tout en restant sous l'emprise de l'état d'auto-hypnose, on aimerait pouvoir ouvrir les yeux et vaquer à ses occupations, avec une efficacité plus grande que normalement, grâce à l'attitude constructive obtenue pendant la séance. Dans ce cas, il faut se suggérer à plusieurs reprises en disant ceci :

« Sitôt que j'ouvrirai les yeux, mon auto-hypnose sera encore plus profonde... »

EXEMPLES ÉLOQUENTS

Maintenant que vous savez quels sont les itinéraires à emprunter pour arriver à l'auto-hypnose ou à un état de détente similaire à celui qu'elle procure, le moment est venu d'examiner de plus près les avantages que vous pouvez en tirer.

Voici donc des exemples qui vous montrent comment les vingt techniques passées en revue peuvent vous rendre service...

DOMAINE DU STRESS

Selon les besoins, tantôt l'une des plus simples techniques de relaxation, tantôt l'auto-hypnose proprement dite vous offrent un bouclier contre le stress, comme le prouvent les témoignages qui suivent...

Le couteau sur la gorge

Mme Anne-Marie F., 36 ans, confie :

— Je suis pédagogue dans un établissement créé à l'intention des enfants handicapés. Ce qui laisse comprendre la nécessité d'avoir les nerfs toujours solides. Pas question de me défouler en haussant la voix. Mes élèves doivent me voir le sourire aux lèvres, toujours de bonne humeur. Ça les rassure, ça les met à l'aise. Par trop sensibles, ils sont portés à facilement se troubler, il faut donc que je fasse constamment preuve d'une patience pour ainsi dire surhumaine. C'est dur, très dur...

« Habitant assez loin de mon lieu de travail, entre le métro et le bus, je perds presque une heure, tous les matins. Le soir, pour rentrer à la maison, c'est encore plus pénible. A cause des embouteillages, le bus reste bloqué, parfois, pendant une bonne demi-heure. Après, vient l'enfer du métro bondé. Aussitôt à la maison, je dois préparer le dîner — encore heureux, les courses sont faites par mon mari, qui termine son travail un peu plus tôt que moi — et puis, normalement, viendrait enfin la détente...

« Seulement, il se trouve que, depuis huit mois, nous avons pour voisins des gens épouvantables. On dirait qu'ils ne savent s'exprimer qu'en hurlant. Ça ne s'arrête pas. Le mari, la femme, la belle-mère, les trois enfants, dont un bébé, ça crie, ça crie, ça crie... En plus, même très tard dans la nuit, ils gardent la radio branchée sur un émetteur de leur pays d'origine, de sorte que cette musique lancinante typique m'empêche de trouver le sommeil ou me réveille...

« Nous nous sommes adressés à eux gentiment. Ça n'a rien donné. Alors, nous nous sommes tournés vers la police. Le chef de famille a été convoqué et, pendant quelques jours, nous avons eu la paix. Puis, un matin, alors qu'il descendait l'escalier pour aller travailler, mon mari a été pris à partie par un inconnu qui lui a dit, pressant un couteau contre sa gorge : " Si tu continues à emmerder mon copain, si tu retournes chez les flics, je reviens et je te tue ! "

« Le jour même, ils ont recommencé. Mon mari était décidé à faire appel aux autorités, malgré la menace. Je l'ai dissuadé. Pour nous, il ne reste qu'à déménager. Malheureusement, l'appartement que nous avons en vue sera disponible seulement dans trois mois. Alors, il faudrait que je trouve un moyen pour pouvoir supporter cet état de choses jusque-là. Je n'en peux plus, je me sens stressée, au bord de la dépression nerveuse... »

***

Placée en état d'hypnose, la patiente reçoit des suggestions destinées d'une part à lui apporter un apaisement immédiat, d'autre part à lui permettre de surmonter l'épreuve au cours des mois à venir, dûment assistée par l'auto-hypnose. Ceci est fait à travers l'enseignement de la Technique n° 17.

En complément, pour que la patiente puisse avoir des moments de détente avant même de pleinement bénéficier des avantages de ladite Technique n° 17, il lui est appris comment se servir de la Technique n° 4.

L'association des deux méthodes a pour résultat l'atteinte du but recherché : sans sombrer dans la dépression nerveuse qu'elle craignait, Mme Anne-Marie F. parvient à très bien « tenir le coup », en attendant de pouvoir quitter son appartement devenu « invivable ».

Démissionner ou ne pas démissionner... that is the question

Vivianne S., 40 ans, expose son cas en ces termes :

— Pendant presque quatre ans, j'avais pour ami un homme qui a fini par me quitter, disant que sa passion amoureuse s'était transformée en tendresse fraternelle et que, de ce fait, il ne pouvait plus concevoir de faire l'amour avec moi... Un choc terrible, je vous l'assure.

« A peine je commençais à m'en remettre, une affaire d'héritage m'a mise dans une situation délicate. Je devais me battre, me " mettre à dos " plusieurs personnes de mon entourage familial, qui cherchaient à me léser. Ce n'est d'ailleurs pas fini, la bagarre continue...

« Mais, ce qui est actuellement le plus pénible, à mon bureau règne un climat à vous rendre dingue. Il est vaguement question d'une compression de personnel. Aussi, les intrigues vont de plus belle, chacun essaye de se mettre en valeur le plus possible, on se tire dans les pattes...

« Je fais de mon mieux pour m'accrocher, mais je sens que j'y arrive de moins en moins. Je vis dans une tension constante et la situation empire de jour en jour. Je suis désormais prête à donner ma démission, tellement j'en ai assez. Ce qui me retient, pour le moment, est uniquement la crainte de ne pas trouver un autre job facilement. Un risque que je ne peux me permettre de courir, pour la simple raison qu'à cause de l'appartement que je me suis acheté l'an dernier, j'ai de lourdes traites à payer, tous les mois, pendant six années encore... »

***

Par la Technique n° 18, la pratique de l'auto-hypnose est mise à la portée de Vivianne S. Et, déjà au bout de deux semaines, elle est à même d'annoncer :

— ... Ça va nettement mieux. Les vacheries des gens du bureau n'ont plus de prise sur moi. Je fais mon boulot d'une manière irréprochable et je me fous du reste. Rien ne me met hors de moi. Je me sens bien, très bien...

Un homme débordé

Georges P., 59 ans, explique :

— ... Je suis à la tête d'une agence artistique spécialisée dans l'organisation de galas et de tournées. Les gens du milieu de la chanson dont je m'occupe sont, pour la plupart, des vedettes confirmées et, par conséquent, fort exigeants. Je dois toujours être sur la brèche, me déplacer souvent, aussi bien en France qu'à l'étranger.

« Ma vie est devenue d'autant plus une course contre la montre que je dois me consacrer à trois femmes. A ma mère, qui est hospitalisée, à mon épouse, qu'au fond j'aime toujours énormément, et à ma maîtresse, qui attend de moi un enfant...

« Vous le voyez, je suis coincé. Mes obligations professionnelles et ma vie privée me privent de la possibilité de faire du sport ou de me relaxer par quelque moyen. Et, pourtant, je suis déjà dans un tel état que je risque de craquer d'un jour à l'autre.

« Des amis me conseillent le Yoga ou le Training Autogène. Ils me disent que ces méthodes sont formidables. Mais je n'ai ni le temps ni la patience... Il me faudrait quelque chose de facile, de simple, qui ne demande pas des mois et des mois pour être assimilée... »

⁂

Une séance d'hypnose permet au patient d'avoir une idée de la détente dont il pourrait bénéficier grâce à l'auto-hypnose. La recommandation de pratiquer régulièrement la Technique n° 15 n'est donc pas rejetée...

Aux dernières nouvelles, sans ralentir le rythme de son existence mouvementée et continuant à ne pas s'accorder de vacances, Georges P. parvient toujours à parfaitement résister au stress qui a failli lui « jouer un sale tour » il y a deux ans.

« *Trio infernal* »

Jean-Pierre L., 42 ans, affirme :

— La folie me guette !... Un trio infernal me rend dingue, de plus en plus dingue !...

« Voyez-vous, docteur, cet état de choses me révolte d'autant plus que je n'y suis pour rien. En dix-huit ans de vie commune, j'ai toujours réussi à bien me débrouiller. Jamais ma femme ne s'est rendu compte de mes infidélités. Mais voici que Brigitte, ma dernière conquête en date... Figurez-vous, au lieu de la détruire immédiatement, cette gourde a gardé l'une de ces lettres que je lui adressais poste restante, pour satisfaire son goût du romantisme. Et son mari l'a trouvée !...

« Tout est parti de là. Grâce à un détective privé, ce monsieur a réussi à m'identifier. Depuis, c'est l'enfer. Parce que le cocu ne s'est pas contenté de venir me casser les pieds à moi, il est aussi allé tout déballer à ma femme...

« Ça fait maintenant trois mois que je n'ai pas de répit. Brigitte m'assiège, pour que je refasse ma vie avec elle. Le cocu me harcèle constamment, disant que si je ne me décide pas à lâcher Brigitte, il me tue. Quant à ma femme, elle ne cesse de me répéter : " Si tu revois cette créature, je me donne la mort ! "...

« Jusqu'à la semaine dernière, j'arrivais à rencontrer Brigitte à l'heure du déjeuner. C'est fini. Non content de venir me chercher au bureau à six heures, pour ne plus me lâcher jusqu'au lendemain matin, ma femme a pris un congé, pour pouvoir m'accaparer aussi les midis.

« Depuis qu'il m'est impossible de passer avec elle ne serait-ce qu'un court moment, Brigitte me téléphone même à la maison. Si c'est ma femme qui répond, elle en profite pour la supplier de me rendre ma liberté... Si elle réussit à m'avoir au bout du fil, j'ai droit à ses reproches...

« De son côté, le mari est plus enragé que jamais. Et pour cause. Brigitte lui a dit : " J'aime Jean-Pierre, s'il décide que nous pouvons vivre ensemble, il n'a qu'un mot à dire pour que je te quitte ! "... Alors, il n'arrête pas avec ses coups de fil, débitant mille insanités, tantôt à ma femme, tantôt à moi...

« Vous le voyez, d'une part ma femme, d'autre part Brigitte et le cocu, on me tourmente jour et nuit, pas étonnant que je devienne dingue...

« Au bureau, je fais des bêtises à longueur de journée et si ça continue, le chômage m'attend...

« Je le sais, il faudrait que je puisse ignorer tout ce qui m'arrive, mais il m'est impossible de me laisser absorber par mon travail, j'ai beau faire tous les efforts, mon esprit est ailleurs. Même si, chose rare, il se passe une heure sans que ma femme, Brigitte ou son mari me demandent au téléphone, il me semble les entendre... »

***

Une séance d'hypnose apporte au patient une détente immédiate. Puis, il lui est conseillé de se décontracter plusieurs fois par jour, aussi bien sur le lieu de travail qu'à domicile, grâce aux techniques n° 1 ou n° 2 (selon ses possibilités) et d'assimiler, parallèlement, la Technique n° 19, appelée à complètement enrayer la tension qu'a provoquée en lui le « trio infernal »...

Retrouvant progressivement la maîtrise de ses facultés de concentration, Jean-Pierre L. évite d'être licencié. Par ailleurs, pour ce qui est de sa vie privée, les trois techniques lui permettent de bénéficier d'un état d'esprit propice à la réflexion et à la prise de décisions importantes. C'est ainsi qu'il se résout à ne plus fréquenter sa maîtresse, mais aussi à se séparer de sa femme, du moins « le temps d'y voir clair »...

DOMAINE DE LA SANTÉ EN GÉNÉRAL

Voici quelques cas typiques, pour illustrer les possibilités qu'offre l'auto-hypnose, en tant que moyen destiné à :
— la prévention de maladies diverses ;
— la guérison d'affections psychosomatiques ;
— la diminution ou la suppression de la douleur ;
— l'enrayage de la boulimie, du tabagisme, de l'alcoolisme ;
— l'élimination de l'insomnie.

Une coquette

Très *vulnérable au niveau du système respiratoire* (antécédents : pneumonie, nombreuses bronchites, laryngites...), Anne G., 27 ans, ne le cache pas :

— J'aime plaire. Alors, quand les beaux jours arrivent ou même en plein hiver, je fais des bêtises. J'ai beau savoir que je ne devrais pas, qu'il suffit du moindre petit courant d'air pour que je prenne froid, j'opte pour le décolleté...

*
**

Par hypnose, la résolution de la patiente d'être « plus sage » est renforcée. En plus, il lui est recommandé la pratique de la Technique n° 19, afin que l'auto-hypnose puisse l'aider à ne pas changer d'avis.

Résultat : Anne G. parvient à mettre en veilleuse sa coquetterie innée et s'abstient désormais de toute imprudence vestimentaire... se mettant ainsi à l'abri des refroidissements.

Un gourmand

Souvent victime de *problèmes hépatiques,* Michel B., 54 ans, se plaint :

— C'est épouvantable, autant à la maison j'arrive à être raisonnable, il suffit que je sois au restaurant avec des amis ou des clients, voilà que je mange comme quatre et bois comme un trou...

***

Le choix est porté sur une méthode pouvant entrer en action immédiatement, lorsque le patient s'expose au risque de commettre des excès : par la Technique n° 17, Michel B. apprend comment se placer en auto-hypnose grâce à un mot codé (« Sobre »), appelé à le mettre en état de ne plus succomber aux tentations gastronomiques...

Et, effectivement, les repas d'affaires et les réunions amicales « incriminées » cessent de se solder par des crises de foie.

Fausse alerte

Atteint d'une *affection dermatologique chronique,* Robert S., 37 ans, se souvient :

— ... Tout a commencé il y a environ dix ans, au cours de la nuit que j'ai passée en compagnie d'une dame qui travaillait à l'UNESCO. Pendant que nous faisions l'amour, j'ai remarqué qu'elle avait tendance à se gratter. Ça m'a inquiété. Beaucoup. Je me suis demandé si ses déplacements professionnels dans les pays du tiers monde... D'un autre côté, je cherchais à me rassurer, en me disant : « Issue d'une bonne famille et nantie de plusieurs diplômes universitaires, ce n'est quand même pas le genre de femme qui... »

« Quoi qu'il en soit, dès le lendemain, j'avais plein de boutons au cou, à la poitrine et au pubis. Avec des démangeaisons insupportables. Le spécialiste consulté a effectué un prélèvement cutané et m'a donné une pommade... qui ne devait m'apporter aucun soulagement. En plus, il a fallu que j'aille dans un laboratoire, pour une prise de sang.

« La semaine après, je suis retourné chez le dermatologue. Il m'a dit : « A en croire les analyses, vous n'avez rien... Mais, vous savez, dans la branche de la médecine qu'est la nôtre, bien des lacunes existent encore... Il se pourrait que votre mal soit purement et simplement psychosomatique... ».

« Je ne sais plus quels étaient les médicaments prescrits après les analyses, le fait est qu'ils allaient être tout aussi inefficaces que la pommade.

« Pendant environ deux mois, je me suis imposé la chasteté. Et, petit à petit, tout est rentré dans l'ordre. Mais, depuis, une fois sur deux, mes nouvelles liaisons provoquent une rechute : quelques heures après le premier rapport sexuel, les boutons reviennent !...

« Pour en avoir le cœur net, je me suis fait faire d'autres analyses, il y a trois semaines. Toujours rien. Ni Sida, ni autre chose... ».

⁂

Il paraît évident que la toute première manifestation du symptôme venait de la crainte de la contraction d'une maladie contagieuse (vénérienne ou non). Par après, en des circonstances semblables, c'est-à-dire chaque fois que la bonne santé de la partenaire laissait planer des doutes, se déclenchait automatiquement une nouvelle éruption de boutons...

La Technique n° 18 offre au patient la possibilité de combattre ses appréhensions. Et c'est ainsi que l'auto-hypnose coupe court au retour du mal.

L'épée de Damoclès

Pierre O., 54 ans, souffre d'*asthme bronchique chronique* et il précise :

— Je suis venu vous voir, docteur, uniquement parce que ma fille y tenait beaucoup. Elle ne jure que par les médecines douces !... Quant à moi, je ne crois plus en rien. Des médecins et même des grands patrons, j'en ai vus. Des médicaments, j'en ai pris et en prends encore. Mais ça ne m'avance pas...

⁂

L'approfondissement de l'entretien permet de savoir que, voici une douzaine d'années, quelques six mois avant sa première crise, il a frôlé la mort sur un chantier. Depuis cet accident, même des conditions de sécurité optimale ne parviennent pas à le rassurer complètement, il s'acharne à travailler dans l'industrie du bâtiment, tout en se disant, chaque matin : « C'est peut-être aujourd'hui que j'y laisserai ma peau... »

Deux séances d'hypnose contribuent à ce que le patient triomphe de son scepticisme et veuille bien assimiler, puis pratiquer régulièrement la Technique n° 20. Conformément aux recommandations de Schultz (à qui nous devons la méthode du Training Autogène), est conseillée la prolongation de la phase expiratoire (en comptant jusqu'à dix), tout comme l'extension aux yeux et à la gorge de la suggestion relative à la sensation de fraîcheur au front, mais aussi l'accentuation de la suggestion destinée à provoquer une sensation de chaleur au niveau de la poitrine.

Progressivement, Pierre O. se libère de ses appréhensions et on ne tarde pas à constater l'espacement considérable des crises. Puis, à partir de la deuxième année qui suit le début de la pratique quotidienne de la Technique n° 20, l'asthme bronchique cesse de se manifester.

Par monts et par vaux

Atteinte d'*hypertension artérielle,* Jocelyne A., 34 ans, affirme :

— Etre par monts et par vaux m'est indispensable, je ne peux pas m'imaginer dans un bureau ou dans une boutique... Voyez-vous, mon mari et moi dépendons d'une usine d'appareils électroménagers. Pour faire des démonstrations-ventes aux foires et dans les grandes surfaces, nous sillonnons les routes sans arrêt. Ça dure depuis presque cinq ans et j'aime ça.

« Au printemps dernier, malgré la pilule, je ne sais toujours pas comment... Enfin, bref, l'événement est attendu pour décembre et mon gynéco me dit que je devrais m'arrêter, autrement je risque un gros pépin...

« Moi, je ne suis pas contre le fait de garder le bébé, surtout que ma mère pourra s'en occuper, le moment venu, mais d'ici là !... Voyez-vous, si je me mets en congé-maternité, la boîte voudra me remplacer, mon mari devra bosser avec une autre. Qu'il couche avec elle, je m'en fous, ce qui me fait peur est que la nana s'incruste, qu'on la garde et qu'après on me branche sur un autre boulot, moi qui adore voyager !... Cette perspective me scie ! »

⁂

La patiente continuant ses déplacements, il est impossible de la soigner par hypnose à des intervalles réguliers. Confiance est donc faite à l'auto-hypnose, enseignée par l'intermédiaire de la Technique n° 17, dans le but de dissiper l'anxiété responsable de l'hypertension artérielle.

Six semaines après le début du traitement, de retour à notre cabinet, Jocelyne A. annonce :

— Je ne me fais plus de souci. Je suis devenue fataliste. Ce sera comme ce sera. Si ces salauds me remplacent définitivement, tant pis, je n'en mourrai pas. A partir de lundi prochain, je me mets au vert, j'aurai mon bébé. Pour le reste, on verra après...

Et il est constaté qu'un tel changement d'optique (obtenu grâce à l'auto-hypnose) a entraîné la disparition de l'hypertension artérielle.

Séduite et abandonnée

Mireille R., 39 ans, souffre d'*ulcère duodénal* et finit par confier :

— ... Je suis la plus infortunée des femmes. J'avais un mari qui faisait de son mieux pour me rendre heureuse et je l'ai quitté, à cause d'un homme marié qui m'a fait perdre la tête. Notre liaison a duré sept années. Il me comblait, je ne dis pas le contraire. Mais, vous comprendrez, il est arrivé un moment où je n'en pouvais plus de ne le voir qu'un jour sur deux et jamais les week-ends ou à l'occasion des fêtes. Alors, je le suppliais de divorcer. Finalement, il s'y est décidé. Je croyais qu'enfin nous allions vivre ensemble. Mais non, il me menait en bateau des mois et des mois et j'ai appris qu'en réalité il voyait aussi une autre, une fille de vingt-deux ans. Quoi de plus normal, je lui ai fait une scène. Pour me punir, non seulement il m'a annoncé son intention de se marier avec ma rivale, mais encore il a sauté sur l'occasion pour me dire que je ne pouvais plus compter sur lui, alors que je ne pouvais joindre les deux bouts que grâce à son soutien matériel...

***

Parallèlement à un traitement par hypnose, la patiente est soignée à l'aide de l'auto-hypnose. Les deux procédés tendent à estomper sa « peine de cœur », à lui permettre de retrouver son équilibre psychique, de telle sorte qu'elle puisse résoudre ses problèmes financiers toute seule, grâce à un travail suffisamment rémunérateur.

En moins de deux mois, Mireille R. réussit à faire abstraction de l'agissement de son ex-amant et elle commence à prospecter. Ses notions de comptabilité finissent par lui donner la possibilité d'être embauchée par une société en expansion, à titre d'essai. Grâce à la pratique de la Technique n° 15, son rendement est tel qu'on la titularise, tandis que les examens effectués révèlent la résorption de l'ulcère...

A en hurler

Roger P., 47 ans, souffre de *rhumatisme chronique,* au niveau des membres inférieurs, et explique :

— ... Ce qui me gêne finalement le plus est que, quand j'ai mes crises, je ne peux pas m'empêcher de hurler. Aux yeux des gens qui m'entendent, je passe pour un fou furieux...

***

Grâce à la Technique n° 16, le patient parvient rapidement à dompter ses douleurs et même au cours des périodes les plus critiques (provoquées par des facteurs climatologiques), il est à même de vaquer à ses occupations sans plus jamais éprouver des souffrances « à faire hurler ».

Invivable

Sophie G., 41 ans, se plaint de *migraines :*

— ... Surtout en période de règles, c'est atroce, j'ai l'impression que ma tête va éclater en mille morceaux, dit-elle. Ça ne dure jamais très longtemps mais quand ça arrive, je ne me reconnais plus moi-même, j'ai envie de tout envoyer en l'air, je suis invivable... Des années et des années, j'y portais remède avec de l'aspirine. Seulement, des effets secondaires se sont produits, mon médecin traitant m'a recommandé de ne plus en prendre et il m'a conseillé de venir vous voir...

***

Ici encore, la Technique n° 16 représente l'issue : obtenue grâce au phénomène du contraste des couleurs, l'auto-hypnose procure à la patiente une « coupure profonde », qui lui permet tantôt d'ignorer la douleur complètement, tantôt de ne la ressentir que très peu.

Nuits de cauchemar

Armand M., 53 ans, souffre de *coliques néphrétiques* et dit :

— ... En ce qui me concerne, je m'en suis fait une raison, je suis déjà habitué à endurer l'enfer. Le problème vient du fait que je me suis remarié il y a deux ans et ma jeune épouse commence à en avoir assez des nuits de cauchemar que je lui impose. Mes gémissements, mes grincements de dents et mes convulsions lui tapent sérieusement sur les nerfs...

***

Le patient étant venu consulter en pleine période de crise, il lui est conseillé de diminuer l'emprise de la douleur par l'intermédiaire de la Technique n° 15. En même temps, pour qu'il puisse encore mieux supporter les algies à l'avenir, il lui est recommandé l'assimilation de la Technique n° 19, dont la pratique quotidienne finira par le mettre en état, au bout de trois mois, de ne plus traduire par des manifestations extérieures les sensations (extrêmement pénibles) que les crises provoquent en lui inévitablement.

Appétit monstre

Fabienne I., 28 ans, voudrait vaincre sa *boulimie* et confie :

— ... Je ne me prive de rien depuis que j'ai vu ma mère mourir du cancer lentement, atrocement, alors que la pauvre, pour garder sa ligne et pour rester en bonne santé, suivait un régime très strict toute sa vie... Maintenant, que je pèse soixante-douze kilos, autrement dit que j'ai une douzaine de kilos en trop, je commence à croire qu'il est impossible de revenir en arrière et puis, n'importe comment, j'ai toujours faim...

***

La patiente est hypnotisée et les suggestions sont orientées vers les buts suivants :

— faire acquérir la conviction de la possibilité de maigrir;

— inculquer la résolution de suivre un régime approprié;

— neutraliser l'impact de la conclusion tirée à l'issue de la mort de la mère.

En plus, pour renforcer la faculté de la patiente d'éviter les pièges posés par la gourmandise déguisée en « faim », la pratique de la Technique n° 15 est recommandée.

Grâce à quoi, en sept mois, Fabienne I. retrouve son poids normal et est bel et bien décidée à ne plus regrossir.

D'un extrême à l'autre

Bernard W., 37 ans, souhaite ne plus compter parmi les victimes du *tabagisme* et explique :

— Je suis vraiment passé d'un extrême à l'autre. Sans doute parce que mes parents ne me l'avaient jamais interdit, je n'avais aucune envie de fumer pendant les années où tous mes camarades avaient la cigarette au bec, déjà à l'école ou après, au lycée.

« Puis, vers ma vingt-huitième année, je me suis amouraché d'une femme qui était une grosse fumeuse : deux paquets par jour !... C'est idiot, vraiment idiot, mais ça m'a donné des complexes. Alors, je m'y suis mis, moi aussi.

« Au début, je n'inspirais pas la fumée. L'important était de donner l'impression que j'étais sur la même longueur d'onde qu'elle, cette femme, dont j'ai même oublié le nom.

« Le reste est facile à deviner. Petit à petit, fumer m'est devenu indispensable. A trois ou quatre reprises, j'ai essayé arrêter. Je pouvais tenir le coup quelques jours, pas plus.

« Bon, maintenant, je suis parfaitement conscient de la nécessité de ne plus continuer. J'ai parfois des trous de mémoire, je m'essouffle de plus en plus facilement et, puis, la fille avec qui je sors actuellement ne fume pas, elle supporte mal mon haleine...

« Le problème est que les fois où j'arrive à passer une heure ou deux sans m'allumer une cigarette je deviens très nerveux et j'ai même mal à la tête... »

***

Dans un premier temps, la Technique n° 15 permet la diminution considérable du nombre des cigarettes fumées par jour (en deux mois, de vingt nous arrivons à huit ou dix, au plus). Puis, l'assimilation et la pratique quotidienne de la Technique n° 19 réunit les conditions nécessaires à la suppression totale du tabac, six mois après le début du traitement.

Pour oublier

Florence E., 40 ans, est adepte de l'*alcoolisme*, mais s'en défend :

— ... Oh !, vous savez, ce n'est vraiment pas grave. Un ou deux scotch à la sortie du bureau, juste pour me détendre un peu. Je ne sais vraiment pas pourquoi mon ami en fait tout un plat...

A l'origine de sa venue au cabinet, l'ami en question a donné une version différente de la situation :

— ... Tous les soirs, Florence rentre avec une bouteille de whisky sous le bras. Au début de notre liaison, je tentais de la raisonner. Elle devenait comme une furie et cassait tout. Alors, j'ai pris l'habitude de la laisser faire.

« Donc, en arrivant, elle boit la moitié de son whisky avant le dîner, prend du vin à table, puis finit sa bouteille tranquillement, en regardant la télé. Les effets ? Elle parle de ses souvenirs d'enfance, des déboires avec sa mère et son beau-père, elle parle aussi des hommes qu'elle a connus avant de me rencontrer, puis me dit que tout ceci devient de moins en moins net dans sa mémoire et qu'en continuant à boire systématiquement, tous les soirs, elle finira obligatoirement par tout oublier, grâce à quoi elle pourra m'aimer plus que jamais... Vers minuit, elle s'effondre, je suis obligé de l'aider, sans quoi elle serait incapable d'arriver jusqu'au lit. Une bonne fois couchée, elle fait l'amour prodigieusement, puis s'endort subitement et ronfle, ronfle... »

*
**

Placée en état d'hypnose, la patiente est invitée à révéler la raison profonde de son désir de « tout oublier » et c'est ainsi que nous pouvons prendre connaissance de certains chocs psychiques subis à l'âge de neuf, vingt et vingt-huit ans.

Le but premier est de faire découvrir à Florence E. la portée de la détente hypnotique, afin qu'elle puisse commencer à comprendre que l'alcool n'est pas l'unique moyen apte à l'apaiser.

Après la troisième séance d'hypnose disons classique, la patiente est initiée à l'auto-hypnose, par l'intermédiaire de la Technique n° 18, et il lui est conseillé de mettre en pratique tous les soirs l'enseignement reçu, aussitôt rentrée à la maison... donc avant de déboucher sa fameuse bouteille.

La sensation de bien-être procurée par l'auto-hypnose s'ajoutant aux effets bénéfiques des hypnotisations préalablement effectuées (trois séances, rappelons-le), Florence E. éprouve de moins en moins le besoin de « se précipiter » sur son whisky. Elle continue à en boire, certes, mais la quantité absorbée diminue progressivement : environ un mois après le début du traitement, une bouteille lui suffit pour deux soirées et, à peine une quinzaine de jours plus tard, pour trois soirées.

Au cours du troisième mois, une assez importante contrariété d'ordre professionnel provoque une rechute (une bouteille tous les soirs, pendant trois jours consécutifs) et entraîne aussi l'interruption de la pratique de l'auto-hypnose.

Heureusement, grâce à l'intervention de son ami, la patiente accepte de revenir au cabinet et deux séances d'hypnose, à trois jours d'intervalle, préparent le terrain à la continuation de l'usage quotidien de l'auto-hypnose. Ce qui fait que, une fois de plus, se produit la diminution progressive de la consommation d'alcool. Et, au bout de sept mois, voici le « miracle » : Florence E. est capable de se priver de whisky, elle ne boit qu'un peu de vin et encore uniquement à table !...

Péché mignon

Sylvie I., 41 ans, se plaint d'*insomnies fréquentes :*

— ... Certaines contrariétés me mettent tellement en rogne que j'en perds le sommeil, dit-elle.

Quelles contrariétés ?

Elle voudrait les passer sous silence, mais il est précisé que la connaissance de la cause profonde du mal s'impose, ce qui finit par lui délier la langue :

— Je n'admets pas qu'on me fasse des remarques à propos de ma coiffure, de mon maquillage ou de mon habillement. J'ai toujours tenu à ne pas passer inaperçue, à donner de moi-même une image qui puisse mettre en relief ma personnalité. Dans le passé, les gens n'y trouvaient rien à redire ou même me faisaient des compliments. Maintenant, c'est de plus en plus fréquent qu'on me reproche mon « excentricité »... Comme si seules les gamines avaient le droit de...

Confuse, elle se tait un long moment, avant de reprendre la parole, avec un sanglot :

— Je n'en peux plus !... Je ne fais de mal à personne... Alors, pourquoi me critiquer ?!... Est-ce un crime si je tiens à oublier mon âge ?!...

⁂

Une séance d'hypnose a pour but l'immunisation de la patiente aux insinuations mises en cause. Il lui est conseillé, sous forme de suggestion posthypnotique, de faire abstraction totale des avis émis dans son entourage, de rester fidèle à elle-même...

Parallèlement à un tel renforcement de la résolution qu'a la patiente de vouloir ignorer les années qui passent, pour faciliter l'arrivée du sommeil, la thérapie s'appuie aussi sur la Technique n° 4.

Une quinzaine de jours plus tard, Sylvie I. se donne la peine de téléphoner, pour annoncer, toute joyeuse :

— Figurez-vous, docteur, hier l'une de mes collègues m'a dit : « Franchement, je me demande comment tu peux t'acheter des boucles d'oreilles aussi voyantes. Même si j'avais quinze ans, je n'oserais pas les porter ! »... Au lieu d'en faire un drame, je lui ai ri au nez. Et, le soir, il n'a plus été nécessaire que je me serve de la méthode que vous m'avez apprise, je me sentais tellement en paix avec moi-même qu'aussitôt couchée je me suis endormie...

Tourment motivé

Régis D., 57 ans, souffre d'*insomnie* et en précise les caractéristiques :

— ... Je me couche vers onze heures ou minuit et, deux ou trois heures après, je ne dors toujours pas. Puis, je m'endors enfin, mais il y a réveil au bout d'une heure ou deux et se passent encore des heures et des heures avant que je puisse retrouver le sommeil...

« Remarquez, ce n'est pas étonnant, puisque je me tourmente à cause de ma femme, qui fait actuellement un long stage à l'étranger. Elle me téléphone presque tous les jours, pour me dire plein de choses gentilles, mais... Vous savez, vingt-cinq ans de différence d'âge, il y a de quoi succomber à la jalousie...

⁂

Grâce à la Technique n° 13, le patient commence à nettement mieux dormir.

Deux séances d'hypnose, à trois jours d'intervalle, avec des suggestions destinées à neutraliser l'angoisse responsable de l'insomnie, contribuent au retour du sommeil normal, qui se manifeste neuf jours à peine après le début du traitement.

Soucis d'argent

En proie à des *insomnies intermittentes,* Lucien R., 33 ans, confie :

— ... J'ai perdu mon emploi peu après l'achat à crédit de ma nouvelle voiture. L'indemnité de licenciement n'a pas été énorme, le montant de l'allocation-chômage suffit pour payer le loyer et des bricoles, le problème vient de ma bagnole. Quand ça se présente, je fais de l'intérim. Ce n'est pas souvent, malheureusement...

***

La pratique de la Technique n° 14 permet au patient de dormir convenablement, même les fois où le paiement des échéances paraît compromis.

DOMAINE DES ÉTUDES, CONCOURS...

Aux étudiants et à tous ceux qui préparent des examens ou des concours, l'auto-hypnose apporte une aide précieuse, mais peuvent contribuer au succès également certaines des techniques assimilées...

Saturée

Anne-Marie M., 19 ans, dit :

— ... Je ne sais pas ce qui se passe, je n'arrive plus à me concentrer sur mes études, j'ai envie de tout laisser tomber. Ma mère est désespérée, c'est elle qui a insisté pour que je vienne vous voir...

Sans en rester là, l'entretien est approfondi et c'est ainsi que le problème peut être mieux cerné : Anne-Marie M. se sent saturée parce que, victime de la civilisation de consommation, la patience lui manque pour aller jusqu'au bout, elle voudrait gagner sa vie dès à présent, comme sa meilleure amie, qui a trouvé une bonne situation... tout en n'étant pas diplômée !

Elle ajoute :

— En même temps, je me rends compte que ce serait vache si j'en faisais à ma tête. Ma mère s'est imposée mille sacrifices, son rêve a toujours été que je fasse carrière dans la magistrature...

A la question « Etes-vous prête à faire des efforts pour ne pas rendre votre mère malheureuse? », Anne-Marie M. répond par un « Oui », ce qui autorise la mise en œuvre d'une tactique destinée à faciliter sa tâche...

⁂

Par la Technique n° 18, la patiente apprend comment tirer profit de l'auto-hypnose pour retrouver le goût des études. En plus, lui est conseillé la pratique de la Technique n° 7, dans le but de renforcer sa faculté de concentration.

Résultat : Anne-Marie M. ne se sent plus attirée par la solution de la facilité, mais fréquente ses cours avec un enthousiasme croissant.

Paniqué

Jean-Marc B., 22 ans, confie :

— ... La date de mes examens approche et je commence à paniquer. J'ai peur de ne pas être à la hauteur. Pourtant, j'ai bien travaillé. Il faudrait seulement que je puisse maintenant tout réviser, méthodiquement et calmement. L'ennui est que je n'y arrive pas...

⁂

La Technique n° 17, ainsi que la pratique quotidienne de la Technique n° 5, permettent à Jean-Marc B. d'effectuer la révision nécessaire en de bonnes conditions et de se présenter aux examens sans le moindre trac.

Épuisé

Philippe U., 27 ans, explique :

— Je travaille dans une usine, parce que j'avais interrompu mes études, à quinze ans. Maintenant, je le regrette. Depuis deux mois, je suis un cours du soir et j'aimerais bien continuer, mais me sens déjà épuisé...

⁂

L'examen clinique révèle l'absence de surmenage, laissant conclure à la nature purement et simplement psychique de la fatigue ressentie. Pour qu'il puisse réaliser son projet sans entraves, le patient est donc initié à la Technique n° 18, mais intervient aussi la Technique n° 5, dont la pratique quotidienne est recommandée. Voilà comment, tout en consacrant ses journées au travail manuel, Philippe U. parvient à poursuivre ses études avec la persévérance voulue.

Victime du trac

Maryse A., 32 ans, se plaint :

— ... Chaque fois que je passe un contrôle, je deviens incapable d'étaler mes connaissances à l'oral, mais je n'ai pas de problèmes aux écrits, ce qui m'a donné jusqu'à présent une moyenne acceptable. Seulement, je crains de tout rater aux derniers examens de mon concours, où les oraux auront une grande importance...

⁂

Grâce à la Technique n° 15, la patiente arrive à dompter son trac et réussit son concours sans aucune difficulté.

DOMAINE DES ACTIVITÉS PROFESSIONNELLES EN GÉNÉRAL

Quelle que soit la nature du travail, l'une ou l'autre des techniques que nous avons passées en revue peut mettre l'homme ou la femme en état de surmonter les obstacles rencontrés...

Agressive

Anita I., 37 ans, l'admet :

— ... Mon patron a raison, il y a des jours où je deviens agressive avec les clients. Pas facile de garder son calme quand on est caissière dans un cinéma qui, spécialement en fin de semaine, a une clientèle un peu particulière. Tous ces jeunes qui débarquent de leur banlieue en bande et se mettent à chahuter avant même d'entrer en salle !...

***

Par la Technique n° 17, la patiente apprend l'art de se maîtriser et évite ainsi le licenciement dont son employeur l'a menacée.

Paresseux

Roger R., 27 ans, dit :

— ... Il serait grand temps que je me secoue un peu. Les collègues de ma promotion sont tous déjà des cadres, tandis que moi !... Remarquez, si je suis entré dans l'Administration, c'était justement pour avoir la paix, je n'ai jamais eu de grandes ambitions. Ma femme ne veut pas comprendre, elle se moque de moi quand je lui dis que c'est une philosophie, que c'est la voie de la sagesse, elle m'accuse de paresse et voudrait que je passe des concours, que je monte les échelons...

⁂

Pour qu'il puisse devenir plus dynamique, le patient est invité à s'appuyer sur la Technique n° 19. Dans l'attente qu'il puisse en tirer les avantages, la Technique n° 9 est appelée à le tonifier, grâce à des exercices quotidiens. Et, deux mois après la consultation, Roger R. se décide à exaucer le vœu de sa femme !...

Distraite

Mireille J., 25 ans, confie :

— ... Ces temps derniers, je fais pas mal de gaffes au bureau. Pourtant, le travail n'est pas compliqué, il suffirait que je sois moins distraite... que je pense moins souvent aux problèmes que j'ai avec mon ami...

⁂

La Technique n° 16 offre à la patiente la possibilité de ne pas se laisser perturber par des pensées « étrangères » et, parallèlement, sa faculté de concentration est renforcée aussi par la pratique de la Technique n° 7.

Il en résultera un rendement irréprochable.

Retardataire

Jacques B., 30 ans, prétend :

— Je me presse, ce n'est pas de ma faute si je suis toujours en retard... Avec mon ancien chef de service, il y avait possibilité de s'arranger, mais le nouveau s'en fout que je sois le meilleur vendeur du magasin, il n'arrête pas de m'enquiquiner et m'a même envoyé une lettre recommandée, la semaine dernière...

En entrant dans les détails, il s'avère que, plus ou moins inconsciemment, le patient cherche à reculer le plus possible le moment de son arrivée sur le lieu de travail, parce que son emploi actuel n'est pas exactement conforme à ses aspirations.

***

La Technique n° 19 a le rôle d'aider Jacques B. à atteindre un état d'esprit constructif (élimination de la sensation de frustration qu'a provoquée en lui la nature de ses activités professionnelles actuelles). En outre, sa résolution de « vraiment tout faire pour être à l'heure » est renforcée par l'intermédiaire de la Technique n° 16. De sorte que, dès la première semaine qui suit la consultation, ses retards deviennent de moins en moins fréquents, puis, au bout d'un mois environ, la pratique de la Technique n° 19 ayant porté ses fruits, il finit par compter parmi ceux qui sont, systématiquement, les premiers arrivés.

DOMAINE DU SPORT

Particulièrement spectaculaire est la transformation que l'auto-hypnose peut opérer auprès des sportifs, comme le prouvent les cas ci-après cités...

Découragé

Fabien J., 21 ans, confie :

— ... Je me passionne pour le tennis depuis mon enfance. Pendant cinq années consécutives, de 1982 à 1987, j'ai participé à des championnats, d'abord régionaux, puis nationaux. Une ascension ininterrompue... Puis, voici six mois, j'ai été battu. Pour moi, ça a été un choc... Vous savez, quand j'ai lu le passage du « De Bello Gallico » où Jules César dit à l'un de ses camarades d'armes qu'il préférerait être l'homme le plus important d'un petit village de l'Helvétie que d'occuper un poste secondaire à Rome, il m'a été facile de le comprendre, puisque moi aussi, j'ai toujours raisonné ainsi... Alors, maintenant, je n'ai pas le courage de continuer.

***

Une séance d'hypnose jette les bases de la « renaissance ». Puis, familiarisé avec l'auto-hypnose grâce à la Technique n° 17,

Fabien J. apprend à dompter sa vanité et reprend le chemin du stade, malgré la promesse qu'il s'était faite de ne plus jouer. Et une victoire ne tarde pas à complètement effacer l'emprise de l'échec subi.

Bon vivant

Paul D., 25 ans, reconnaît :

— ... Me priver des bonnes choses avant un match, je n'y arrive plus. Je sais que ça m'empêche de donner le meilleur de moi-même, mais je m'en fous, je trouve idiot de renoncer à une bonne bouffe et au sexe... Seulement, à ce train, je risque de me faire renvoyer de l'équipe...

⁂

La pratique de la Technique n° 19 permettra à Paul D. de s'imposer la discipline nécessaire à la poursuite de sa carrière de footballeur professionnel.

Manque d'assiduité

Véronique P., 24 ans, affirme :

— ... Je ne demanderais pas mieux que de prendre part à tous les entraînements prévus... Mais, souvent, à la dernière minute, ça devient problématique. Et si c'est ainsi, au lieu de me décarcasser, j'ai tendance à ne pas me compliquer la vie...

⁂

La Technique n° 16 offre à Véronique P. la possibilité de perdre son habitude de choisir la facilité : résolue, désormais, à contourner ou à surmonter les difficultés, elle parvient à être toujours présente aux entraînements dont dépend sa participation à un championnat de natation.

DOMAINE DE LA VIE AFFECTIVE

Pour pouvoir faire face en des conditions optimales aux obligations qu'imposent les rôles de père, mère, mari, épouse, etc., l'auto-hypnose propose d'excellentes issues, dont voici quelques-unes, à titre d'exemple...

Taciturne

Charles A., 44 ans, explique :

— ... Quand je rentre à la maison, je suis lessivé, parler me coûte. Mes deux enfants et ma femme me reprochent de ne pas prononcer un mot au dîner et de rester taciturne également les jours où je ne travaille pas. Moi, je pars du principe que ça ne rime à rien de leur faire partager mes soucis, mais eux, ils n'arrivent pas à le comprendre, ils croient que je ne les aime plus...

***

La Technique n° 16 rend Charles A. capable de vaincre sa réticence à s'ouvrir aux siens. Il en résulte une très nette amélioration des rapports.

Jalouse

Gisèle E., 42 ans, raconte :

— ... Depuis environ un an, mon mari n'est plus le même. J'ai l'impression qu'il s'intéresse à moi de moins en moins et continue à me prendre dans les bras uniquement pour me rassurer, en se forçant et tout en pensant à une autre. Lui, il dit que je suis folle, que je n'ai aucune raison pour être jalouse, mais que si je continue à lui « empoisonner l'existence », il va me tromper pour de bon...

⁂

Grâce à la Technique n° 18, Gisèle E. apprend l'art de se maîtriser, n'accable plus son mari et, avec la fin des scènes de jalousie, le couple retrouve l'entente harmonieuse de jadis.

Possessive

Yvette C., 39 ans, se plaint :

— ... Mon fils, qui a seize ans, s'est mis à me détester. Il découche de plus en plus souvent et menace d'aller vivre avec la fille qui l'a embobiné. Tout ça parce que j'ai osé lui dire qu'elle n'est pas faite pour lui !... Remarquez, il est vrai que ce n'est pas la première fois que ça arrive. Déjà l'an dernier, à cause d'une autre garce, il a failli quitter la maison à jamais...

⁂

A l'aide de la Technique n° 16, de mère possessive, Yvette C. se transforme en « maman éclairée » et la fin de la critique systématique des fréquentations de son fils entraîne la disparition de toute friction entre elle et lui.

DOMAINE DE LA SEXUALITÉ

L'hypnose médicale combat avec un rare succès l'impuissance et la frigidité*. L'auto-hypnose, elle, est une alliée fiable de l'homme et de la femme quand il s'agit de porter remède à des problèmes divers pouvant nuire à la qualité de l'acte sexuel ou à l'entente sexuelle tout court...

Absente

Alice W., 35 ans, confie :

— ... Mon partenaire est de plus en plus mécontent, parce que, comme il dit, je suis « absente » quand nous faisons l'amour... A vrai dire, il n'a pas tout à fait tort. J'ai actuellement des préoccupations assez graves, d'ordre professionnel. Ce qui fait que je n'arrive pas à faire preuve d'autant d'élan que par le passé. J'en souffre d'ailleurs moi aussi, puisqu'il ne m'est pas facile d'atteindre l'orgasme...

***

Employées parallèlement, les techniques n° 1 et n° 17 apportent à Alice W. la détente dont elle avait besoin pour pouvoir faire

* Voir « *L'Hypnose qui guérit* », Jacques Grancher Editeur.

abstraction de ses soucis dans l'intimité.

Timide

Laurent R., 23 ans, avoue :

— ... Les femmes belles m'ont toujours fait un peu peur. Je ne sais pas comment ça se fait, mais dès qu'une fille est jolie, ça me coupe tout ou presque, alors que ça va tout seul avec celles qui sont loin d'être des pin-up...

⁂

Est conseillée la familiarisation avec la Technique n° 19 et, dans l'attente de la maîtrise complète de cette méthode, Laurent F. pratique plusieurs fois par jour la Technique n° 2. Au bout de moins de deux semaines, plus de problèmes...

Absurde

Renée T., 37 ans, estime :

— ... On devrait interdire tous ces films pornos à la télé. Depuis que mon mari les regarde, il voudrait que nous aussi... Moi, franchement, ça ne me dit rien. Mais il insiste, il insiste, prétend que je suis absurde, vieux jeu, puritaine, bourrée de préjugés et j'en passe. Nous nous disputons constamment. Ce que je crains est qu'il aille chercher ailleurs ce que moi je refuse de lui donner. Alors, si vous pouviez m'aider à être moins intransigeante...

⁂

Par l'intermédiaire de la Technique n° 18, Renée T. réussit à vaincre ses réticences...

Sadique

Nicolas H., 45 ans, se souvient :

— ... Avec mon ex-femme, sur ce plan-là, je n'avais pas à me plaindre. Elle était assez maso, il n'y avait aucun inconvénient à me laisser aller, ne serait-ce que de temps à autre. Mais, à part ça, pas grand-chose pour nous entendre, donc nous avons fini par divorcer. Je me suis remarié, il y a un an et demi. Ma nouvelle femme a toutes les qualités, c'est une épouse de rêve. Pour rien au monde je ne voudrais la perdre. Voilà pourquoi je me suis toujours abstenu de faire allusion à ce que je nomme mes « caprices ». A plus forte raison, je n'ai jamais osé passer directement aux actes. Je me trompe, peut-être, il me semble cependant qu'elle en serait choquée, qu'elle aurait du mal à comprendre... Le problème est qu'à présent, les fois où je suis très, très excité, il m'est de plus en plus difficile de me retenir, je crains toujours de succomber à la tentation de la frapper, de la brutaliser. Vous savez, ce n'est pas la question d'avoir vraiment envie ou plaisir de faire souffrir. Tout est uniquement dans les gestes en eux-mêmes et dans les cris qu'ils arrachent. Ce sont des choses qui me comblent de joie... Et j'arrive à l'essentiel. Y a-t-il un moyen pour que je puisse continuer à me dominer ?...

***

La Technique n° 19 permet à Nicolas H. de rester fidèle à sa résolution de ne pas courir le risque de perturber sa vie conjugale par la révélation de ses tendances.

DOMAINE DE LA VIE DE TOUS LES JOURS

Pour terminer, voici quelques exemples qui montrent comment les techniques d'auto-hypnose et assimilées peuvent nous être utiles en des circonstances diverses...

Enragé

Thierry P., 42 ans, dit :

— ... Je n'aurais jamais imaginé que je serais devenu agressif. Jusqu'à il y a trois ans, je vivais en province et tout allait très bien. Il a fallu que je sois muté à Paris pour que, petit à petit... Voyez-vous, pour me rendre à mon bureau et aussi pour mes rendez-vous d'affaires, je passe environ trois ou quatre heures par jour derrière le volant. Le matin ça va à peu près, puis ma tension monte, monte... Au moindre impair que me font d'autres automobilistes ou encore si une voiture traîne trop devant moi, je suis comme enragé, je gueule, j'injurie et il m'arrive même de vouloir aller plus loin. Jusqu'à présent, j'ai réussi à éviter la bagarre. Mais qui sait combien de temps ça va durer. Il se peut qu'un jour ou l'autre je vois vraiment rouge et que ça se termine mal... Eh bien, pour que je ne me retrouve ni sous les verrous ni à l'hôpital, que me conseillez-vous ?

***

Dans un premier temps, la Technique n° 2, puis, après avoir été dûment assimilée, la Technique n° 19, procurent à Thierry P. des moments de détente aptes à diminuer son agressivité. Ultérieurement, grâce à la pratique bi-quotidienne de la Technique n° 19, il atteint un calme d'esprit constant :

— ... Les pires vacheries que font les chauffards me laissent désormais indifférent, affirme-t-il.

Dépensière

Nathalie C., 37 ans, se plaint :

— J'ai un budget assez restreint et, pourtant, je n'arrive pas à me raisonner, j'achète plein de choses dont en réalité je n'aurais pas vraiment besoin. Et ceci, au plus grand désespoir de mon mari, évidemment...

***

En devenant adepte de l'auto-hypnose, par la pratique quotidienne de la Technique n° 6, Nathalie C. réussit à dresser un obstacle insurmontable entre elle et les médias, qui la poussaient aux dépenses excessives.

Hostile

Noémi S., 34 ans, explique :

— Je suis dans le domaine des relations publiques. Ce qui veut dire que je dois être souriante, aimable, patiente à longueur de journée. Une tâche d'autant plus pénible que ma fille me donne actuellement bien du tracas, tandis que mon mari est sur le point de me quitter... A partir de l'instant où je finis mon travail, je n'ai plus la force de porter un masque, l'hostilité que j'éprouve à l'égard de toute la race humaine monte à la surface. Dans le métro, en faisant mes courses, tout comme à la maison, je ne fais aucun effort pour être gentille, mais je me défoule avec hargne... Sur cette lancée, je risque de devenir odieuse aussi avec mes collègues et avec mes clients...

⁂

Les techniques n° 1 et n° 3 servent à procurer des relaxations momentanées, en attendant que fasse son effet la Technique n° 19, qui constituera, au bout de trois semaines de pratique, une défense infaillible contre la tendance à l'agressivité.

ENCORE QUELQUES MOTS

Il serait possible de citer bien d'autres cas aptes à mettre en valeur l'utilité de l'auto-hypnose, mais la place manque et, pour fermer le cercle, revenons à sa « maman » l'hypnose, dont l'histoire se caractérise, dans tous les pays, par des périodes tour à tour d'engouement puis de discrédit.

Les principaux détracteurs de l'hypnose ont été le neurologue Babinski, qui formulait ses critiques en tirant prétexte des travaux menés par Charcot à la Salpêtrière (critiquables d'ailleurs à juste titre), ainsi que Freud et ses disciples, qui se sont engagés, comme on le sait, dans une voie entièrement différente, beaucoup plus longue...

Mais, alors même qu'en Autriche, « oubliant » que la psychanalyse dérivait d'elle, Freud se montrait particulièrement hostile à l'hypnose, en France Pierre Janet* attirait l'attention du corps médical sur ses bienfaits : pionnier de l'hypnose découvrante, c'est-à-dire destinée à établir la cause profonde d'une maladie psychosomatique, il parvint, grâce à l'hypnose, à localiser la raison de la cécité sans lésion organique de l'une de ses patientes et cette performance, ainsi que d'autres semblables, lui permirent de démontrer que la liquidation de souvenirs traumatisants enfouis dans l'inconscient peut apporter la guérison !...

* Professeur au Collège de France.

L'importance de la suggestion

Très paradoxalement, Freud devait cependant rendre un hommage à l'hypnose, par sa traduction en langue allemande de l'ouvrage que Bernheim avait consacré à la suggestion.

Or, Bernheim et Liébault, les fondateurs de l'Ecole de Nancy, le prouvèrent : c'est la suggestion qui donne la clé de l'hypnose... et non les passes chères aux magnétiseurs, ni la fixation visuelle, que les hypnotiseurs de première heure croyaient indispensable pour procurer l'état hypnotique.

Et, justement parce que la suggestion constitue le pivot véritable de l'hypnose, nous pouvons mieux comprendre pourquoi se prête avec succès à tant d'usages l'auto-hypnose, qui est axée exclusivement sur la suggestion.

En somme, l'évolution qui a conduit du magnétisme à l'hypnotisme, puis à l'aspect fondamental de l'hypnose moderne qu'est la suggestion, a fini par aboutir à l'autosuggestion, puis à l'auto-hypnose, détrônant ainsi « l'hypnotiseur-roi » de l'hétéro-hypnose. Ont eu un rôle primordial dans cet aboutissement Oskar Vogt, Schultz et Coué.

Un vœu

Deux parmi les plus célèbres savants des temps modernes ont vanté les mérites de l'hypnose, le russe Pavlov (Prix Nobel en 1904) et le français Charles Richet (Prix Nobel en 1913), tandis que le colombien Professeur Caycedo s'en est inspiré, pour fonder, vers la fin des années soixante, la dernière-née des thérapies « à la mode », la sophrologie.

Ne serait-ce que de tels précédents devraient contribuer à motiver la poursuite de la recherche scientifique sur l'hypnose et sur l'auto-hypnose : étant vérifiables, ces deux méthodes répondent, en effet, aux exigences de la science et une meilleure connaissance de leurs vertus ne pourrait être que profitable à l'humanité.

Pour tous renseignements sur les *Cours d'Auto-hypnose*, s'adresser à la Société de Rééducation par le Karaté Médical et d'Hypnothérapie du Docteur Guyonnaud, 77, avenue Félix-Faure, F-92100 Nanterre, tél. : (1) 42.04.34.77.

Cet ouvrage a été composé
par l'Imprimerie BUSSIÈRE
et imprimé sur presse CAMERON
dans les ateliers de la S.E.P.C.
à Saint-Amand-Montrond (Cher)
en mai 1989

N° d'impression : 7962-578.
Dépôt légal : mai 1989.
Imprimé en France